제 3 판

커피의
기초부터
창업까지

커피

김호철 · 구세림 · 김지윤 · 강수진 · 이정남
김연숙 · 송지현 · 박진희 · 이미영 · 김기택

공저

The Coffee

기문사
www.kimoonsa.co.kr

머리말

Preface

현대인들에게 커피는 필수품이 된지 오래다. 우리가 아침에 한 손에 커피를 들고 출근한들, 이제 그/그녀들에게 '된장녀'라고 손가락질하지 않는다. 이는 커피가 현대인들 삶의 한 부분이기 때문이다. 최근 발표된 자료에 의하면 커피소비량이 5년만에 감소하였다고 한다. 이는 커피를 대체할 수 있는 새로운 음료의 등장 때문이 아니라 깊어진 경기 불황으로 인해 가계소비가 줄어든 결과라 생각한다.

사실 커피라는 것을 단순한 음료로 치부하기에는 커피가 가지고 있는 영향력이 매우 크다. 커피는 사람과 사람을 이어주는 매개체이며, 커피로 인해 새로운 문화가 창출되기도 한다. 또한 커피전문점은 단순히 커피를 판매하는 곳이 아니라 편안하게 쉴 수 있는 안락한 공간, 업무를 처리하는 사무실, 공부를 할 수 있는 도서관, 사람과 사람들이 만나 이야기를 나눌 수 있는 대화의 공간 등 다양한 기능을 수행하고 있다.

이러한 이유 때문에 커피 시장은 매우 빠르게 성장하고 있다. 또한 계속 발전하고 있다. 지금까지 우리나라에서는 인스턴트커피가 대부분을 차지하고 있었으나 지속적으로 원두커피의 시장점유율은 증가하고 있다. 원두커피의 경우 커피전문점의 성장세가 한 품 꺾이면서 양적 성장은 주춤하나, 품질경쟁이 서서히 시작되고 있으며, 경기의 영향으로 중저가 제품이 주류를 이루는 가운데 마니아층을 중심으로 스페셜티 시장이 확대되고 있다. 한잔의 커피에 지불해야 하는 비용에 거품이 있다는 지적들이 많으나, 맛있는 커피 한잔을 위해 기꺼이 지갑을 열 용의가 있는 소비자가 증가하고 있다.

대기업의 참여로 인한 시장 및 문화의 발전, 그에 따른 취업자리 증가, 커피에 대한 소비자들의 지적 욕구 증가 등이 향후 커피시장에 많은 변화를 일으킬 것으로 예상되고 있다. 그 변화의 중심에 자리 잡고 있는 커피에 대해 알아보도록 하자.

저자 일동

차 례

Contents

Chapter » 04 다양한 커피 추출

Chapter » 05 에스프레소의 이해

Chapter » 06 에스프레소 머신의 이해

Chapter » 07 그라인더

Chapter » 08 그 밖의 요소들

Chapter » 09 커피 메인 메뉴

Chapter » 11 매장 관리 및 운영

Chapter >> 01

커피의 이해

Chapter >> 01

커피의 이해

01 커피의 기원

커피(Coffee)는 에티오피아의 산악지대에서 기원했다고 알려져 있지만, 커피가 언제부터 시작되었는지는 정확히 알 수 없다. 하지만 기원에 대해서 몇 가지 이야기들이 있다.

칼디의 전설

1) 칼디의 전설

17세기 이탈리아 출신의 동양학자인 파우스테 나이로니가 쓴 이야기를 바탕으로 하고 있는 가장 널리 알려지고 신빙성이 있는 기원설이다. 6~7세기경 에티오피아의 목동인 칼디는 염소들이 어떠한 빨간 열매를 먹은 후 춤을 추듯 뛰고 달리며 흥분상태인 것을 보았다. 호기심이 생긴 칼디가 스스로 그 빨간 열매를 먹었더니 자신 역시도 가슴이 뛰고 흥분되면서 피곤함이 사라질 뿐만 아니라 정신마저 맑아졌다.

이후에 칼디는 수도승에게 이 사실을 전해주었는데 처음에는 수도승들이 먹어보고 자신들도 같은 느낌을 받자 이 열매의 힘이 악마에게서 온 것이라고 믿고 두려워하였다. 악마의 열매라고 여긴 탓에 빨간 열매를 불에 던져 제거하려 하였는데 시간이 지나갈수록 사원 전체에 아주 좋은 향기가 퍼지기 시작하였고, 그 장면을 본 수도승들이 다시 꺼내서 먹어보았는데 기도를 할 때 졸음이 오지 않을 뿐만 아니라 정신마저 맑아지고 일상생활을 활기 있게 해준다는 사실을 알고 음료를 만들어 마시기 시작하였으며, 종교적 목적으로 사용되었다고 전해진다.

2) 오마르의 전설

오마르의 전설

이슬람의 수도승인 오마르는 기도와 약으로 병자를 치료하는 능력으로 인정받고 있었다. 어느 날 모함을 받게 되어 모카항 근처의 사막으로 추방을 당하게 되었는데, 그곳에서 오랜 굶주림으로 죽음의 문턱까지 가게 되었을 때 지평선 너머로 화려한 깃털의 새가 작은 나무 위에 앉는 것을 보고 알라신의 가호라고 생각하였다. 그는 그 나무에 달린 빨간 열매를 보고 허기를 채우기 시작하였다. 그냥 먹으니 맛이 너무 써서 물에 달여 먹기 시작했는데 현기증이 나며 피로가 풀리고 하루 종일 활기가 느껴졌다. 이 모습을 본 근처 모카 시민들이 종교적인 기적으로 믿기 시작하였다.

이후 오마르는 이 음료를 이용해 환자를 치료하였고 그 소문이 왕에게 전달되어 죄를 사면 받고 모카의 성인으로 추대받기 시작하였으며 그 나무를 성수로 경배하기 시작하였다.

3) 모하메드의 전설

모하메드라는 사람이 병에 걸려 누워 있었다. 어느 날 기도를 드리던 중 천사인 가브리엘이 어느 검은색의 음료를 가져다주었는데 그 음료를 마시고 나니 40명의 남자를 말안장에서 떨어뜨릴 뿐만 아니라 40명의 여인과 함께 지낼 수 있는 힘이 생겼다. 그 음료가 커피라는 전설이 있다.

02 커피의 전파

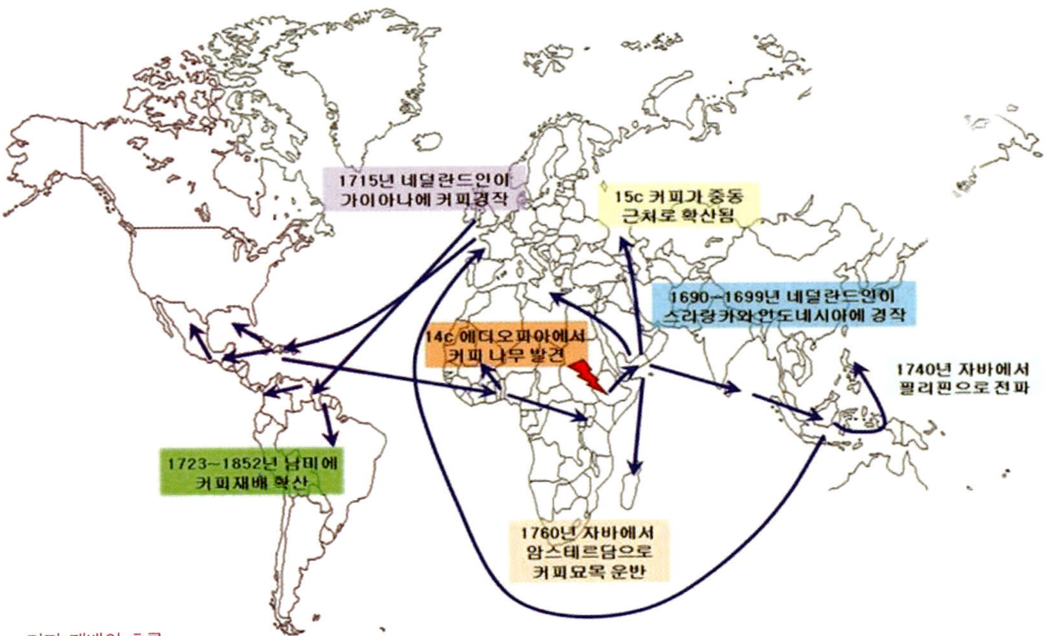

커피 재배의 흐름

커피는 오랜 역사를 가지고 있는 만큼 커피가 정착되는 과정을 정확하게 설명할 수 없다. 다만 많은 역사가들이 추측하기로는 6세기 전후 에티오피아가 예멘을 정복할 당시 아라비아로 커피가 전파되었다고 말하고 있다. 몇몇 학자들은 기원전 1000년도 경에 아프리카를 침략한 노예상들에 의해서 아라비아로 전파되었다고 한다.

900년도 경에 아랍의 의사 라제스(Rhazes, 850~922년)가 커피를 의학적으로 이용했다는 문헌이 있고, 1000년도 경에도 다른 아랍의 철학자이며 의사인 아비세나(Avicenna, 980~1037년)가 커피의 약리에 대해 기술한 기록이 있다. 그 당시에는 커피가 Bunca 또는 Bunchum이라고 불렀으며 의학과 종교의식으로 사용되던 커피는 이슬람 문화권으로 전파되어 음료로 사용하게 되었다. 이슬람 문화권이 술을 금지시키다 보니 조금씩 커피를 음료로 마시게 되었는데 이후 이슬람 문화권을 지배하던 오스만 튀르크(터키)에 의해 음료로 확실히 자리매김하게 되었다.

당시 이슬람 문화권에서는 커피가 외부로 유출되는 것을 매우 엄격히 단속하였다. 모든 커피재배는 자국에서 이루어졌고 중요한 수출품목 중 하나였다. 그 중 모카 항이 수출의 주요 항구로서 자리를 잡았다. 후에 네덜란드에서 커피를 대량으로 재배하기 전까지는 커피하면 예멘, 모카였다.

이후 유럽과의 십자군 전쟁 시 유럽인들이 커피 맛을 본 후 유럽으로 전파가 되었는데 그때는 기독교문화였던 유럽에선 이교도 음식이라 하여 유럽에서는 커피를 배제하였다. 하지만 시간이 지난 뒤 이탈리아 베니스 지역에서 밀무역으로 커피가 유입된 후에 교황인 클레멘트 8세로부터 세례를 받아 그리스도교의 음식으로 공인받게 되었고 그 후부터 일부 귀족들과 상인들 사이에서 커피가 유행하기 시작하였다.

하지만 이때 유럽 역시 커피를 수입해서 마셔야 하는 상황이어서 유럽에서는 군사적으로 강력한 이슬람국가로부터 어떻게 커피를 가져오느냐가 문제였다. 이 내용을 적극적으로 실행한 나라가 바로 네덜란드였다. 합법적으로 계약을 맺어 대량으로 커피수입계약을 맺은 것도 네덜란드의 동인도 회사였고, 최초로 커피를 가져와서 재배를 시작한 나라도 네덜란드였다.

네덜란드는 인도로부터 커피묘목을 구해 재배를 시작하였는데, 문제는 그렇게 엄격하게 통제를 했었는데 어떻게 이슬람국에서 인도로 커피가 유출되었을까? 1600년경에 인도의 이슬람 승려였던 바바부단이 메카로 성지순례를 다녀오면서 커피종자를 숨겨왔다. 우리나라에서 고려시대에 목화씨가 처음 들어왔듯이. 그는 인도 남부의 칙마갈거 지역의 카나카타주에 커피를 심기 시작하였고 이것이 인도 커피의 시작이었다.

이후 네덜란드가 인도에서 커피를 가져와서 그때부터 네덜란드가 커피를 재배하기 시작하였다. 하지만 커피라는 것은 아무 곳에서 자라는 식물이 아니다. 고온, 고지대여야 하고 온도변화가 적으며 비가 많이 오는 지역에서 잘 자라는 식물이 커피다.

네덜란드 온실에서 재배는 할 수 있었지만 대량으로 재배하기는 힘들어서 네덜란드는 이 커피를 식민지 나라로 가져가 재배를 하였다. 처음에는 실론에서 재배를 하였으나 실패하였고 그 이후에는 인도네시아의 자바에서 재배를 시작하였고 얼마 후 네덜란드의 식민지 나라들은 유럽으로의 주요 커피공급처가 되었다.

그 후로부터 1668년도에 미국에 커피가 소개되었고 이를 시작으로 남미, 아시아 등 전 세계적으로 커피가 전파되었다. 우리나라에서는 1896년 아관파천 당시 고종황제가 처음 커피를 마셨다고 전해졌으며, 덕수궁으로 돌아와 정관헌(靜觀軒)이라는 서양식 건물을 짓고 그 곳에서 커피를 마시며 연회를 즐겼다고 한다. 당시 커피는 상류계층의 소수의 사람들만이 즐길 수 있었으며, 서양에서 들어온 탕약같은 국물이라는 뜻의 양탕국이라 불렀다고 한다. 이후 6.25전쟁으로 인해 국내에 주둔하게 된 미군부대에서 인스턴트 커피가 시중에 유통되면서 일반인도 커피를 접하게 되었고, 대중들이 즐기는 기호음료로 자리 잡게 되었다.

03 커피의 종류

커피는 크게 3가지로 코페아 아라비카(Coffee Arabica), 코페아 카네포라(Coffee Canephora), 코페아 리베리카(Coffee Liberica)로 나누어진다. 이 중 코페아 아라비카가 70%를 차지하고 있고, 나머지 30% 중 코페아 카네포라가 27~28%로 대부분 차지하며, 코페아 리베리카는 2~3%로 거의 취급되지 않는다.

1) 코페아 아라비카(Coffea Arabica)

흔히 아라비카(Arabica)라고 부르며, 브라질, 콜롬비아 등 중 · 남미 지역 및 아프리카, 아시아 등 전 커피 재배지역에서 생산된다. 원산지는 아프리카, 에티오피아 지역으로 연 평균기온이 20℃ 전후인 온화한 기후에서 잘 자라며, 해발 600~2200m 정도인 고지대에서 주로 재배된다. 주위 환경에 민감해서 병충해에 약하며, 특히 열에 약해서 30℃ 이상으로 올라가게 되면 며칠 만에 해를 입는다.

커피를 추출하면 맛과 향기가 뛰어나고 카페인 함량 역시 카네포라에 비해 적기 때문에 대체적으로 가격이 비싼 편이다. 아라비카 품종은 자연적, 인위적으로 품종이 계량되어 현재 여러 품종이 재배되고 있다.

아라비카와 카네포라의 비교

구 분	코페아 아라비카(Coffea Arabica)	코페아 카네포라(Coffea Canephora)
원산지	에티오피아	콩고
기후	온화한 기후	따뜻하고 습한 기후
고도	600~2200m	0~800m
온도	15~24℃	18~36℃
강수	1200~2200ml	2200~3000ml
병충해	약함	강함
용도	스페셜티 커피	인스턴트, 캔 커피
외관	직사각형의 타원형	타원형
카페인	0.8~1.4%	1.4~4.0%
맛	좋은 향과 신맛	구수한 향과 적은 신맛
기타	• 기후나 토양, 병충해에 민감 • 가격이 비싼 편 • 성장속도가 느림	• 강인한 종자로 열악한 환경에도 잘 자람 • 가격이 저렴 • 우리가 말하는 로부스타(Robusta)

2) 코페아 카네포라(Coffea Canephora)

흔히 로부스타(Robusta)라고 한다. 로부스타가 대표적인 종이기 때문에 이렇게 불린다. 아라비카에 비해 종자가 강하기 때문에 주위환경 및 병충해 등 열악한 환경에서도 잘 자란다. 콩고에서 유래되었고 보통 0~800m의 낮은 저지대에서 재배되며 주로 서 · 중부 아프리카, 동남아시아 전 지역과 남아메리카의 일부에서 재배된다. 대체적으로 로부스타는 향기도 아라비카에 비해 떨어지고 쓴맛이 강하여 가격이 저렴해 다른 커피와 배합하거나 인스턴트커피를 제조하는데 사용한다. 그 중에 품질과 맛이 뛰어난 일부 로부스타 생두는 아라비카보다 고가에 거래되기도 한다.

3) 코페아 리베리카(Coffea Liberica)

아프리카의 라이베리아(Liberia)가 원산지다. 재배조건은 로부스타와 비슷하지만 보다 저지대에서도 잘 자라며, 척박한 땅이나 열악한 환경에서도 잘 자란다. 전체적으로 로부스타와 비슷하지만 품질이 조금 떨어지기 때문에 로부스타보다 가격이 저렴하다. 아프리카와 아시아의 일부 지역에서만 생산되며, 전체 생산량의 2~3% 정도로 커피 생산량 중에서 차지하는 비중은 아주 미비하다.

04 커피의 성분 및 효능 · 효과

커피를 만드는 원료인 생두(Green Bean)에는 수분 · 회분 · 지방 · 조섬유 · 조당분 · 조단백 카페인 등 많은 성분이 들어 있다. 탄수화물이 약 60% 정도로 반 이상을 차지하며, 지방 약 30%, 단백질 약 13%, 나머지는 무기질, 비휘발성 산 등 여러 가지 성분들로 구성되어 있다. 그 중에서 커피의 맛과 효능을 결정하는 대표적인 성분들을 알아보자.

1) 카페인

커피하면 제일 먼저 떠오르는 성분은 카페인으로 커피 안에 들어 있는 물질(coffee+in)이란 뜻이다. 우선 카페인은 혈압상승, 동백경화 억제 기능이

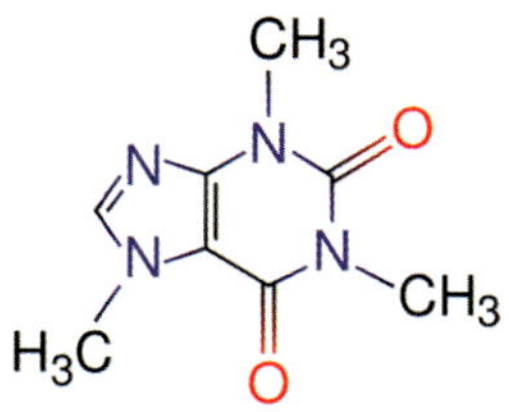

카페인의 화학적 구조

있다. 하루에 5잔 이상씩 마시면 혈압을 상승시키는 효과가 있고 혈관에 노폐물이 쌓이는 것을 방지할 수 있다. 그리고 가장 많은 사람들이 아는 각성 효과 및 집중력 상승 효과가 있다.

카페인은 진통제의 효과를 약 40%를 높여줄 뿐만 아니라 편두통 치료에도 사용한다. 예로부터 커피가 사원의 수도승들이 늦은 밤까지 기도를 드리는데 사용된 사실이 있을 정도로 각성 효과는 카페인의 대표적인 효능이다.

다음의 효과는 이뇨작용으로 인한 간 기능 보호 및 숙취 해소 효과이다. 술을 마신 뒤 알코올은 아세알데히드라는 물질로 체내에 남아 있게 되는데 카페인이 신장 기능을 강화시켜서 이 성분을 체외로 배설시키는데 도움을 준다. 그래서 음주 후에 적당한 양의 커피는 숙취를 해소하는데 도움을 준다.

또한 다이어트에도 효과가 있다고 알려져 있다. 커피 한잔 속의 카페인은 운동 시에 피하지방을 태워 이를 운동에너지로 바꾸어 준다. 커피 속의 카페인은 신체의 에너지 소비량을 약 10% 올려주며, 장운동을 촉진시켜 배변을 좋게 한다. 카페인의 양이 많을수록 신진대사율은 더 높아져 피곤을 느끼지 않고 장시간 활동할 수 있다.

이처럼 커피를 마시며 운동을 병행하면 다이어트 효과는 커진다. 단

커피로 다이어트를 하고 싶다면 운동 30분 전에 블랙커피를 마시는 것이 좋다. 또한 한국기술연구원(KAIST)에서 발표한 내용에 의하면 카페인이 뇌 암세포를 억제하고 전이를 막는다고 한다. 이는 국제적인 암 전문저널인 캔서 리서치에도 게재되었으며 앞으로 더 많은 연구를 통해서 뇌종양 치료에 혁신적인 연구물질이 될 것이라는 예측이다.

2) 폴리페놀

폴리페놀은 식물에서 발견되는 화학물질의 일종으로서 하이드록기를 2개 이상 갖고 있는 물질이며, 분자당 페놀 그룹이 한 개 이상 있는 것으로 특징지어진다. 폴리페놀은 일반적으로 탄닌, 페닐프로파노이드(플라보노이드, 리그린 등)로 분류한다.

페놀은 벤젠의 수소원자 하나가 히드록시기로 치환된 것이며, 폴리페놀은 두 개 이상의 히드록시기로 치환된 것이다. 커피에 들어있는 계열은 탄닌 계열이며 항산화 기능이 잘 알려져 있어 식품이나 의료 등에 응용되고 있다.

3) 클로로젠산

커피 속에 다량 포함되어 있는 폴리페놀 화합물의 일종이며, 커피콩 특유의 착색 원인물질이다. 생체 내에서 과산화지질의 생성 억제효과, 콜레스테롤 생합성 억제효과 및 항산화 작용, 항암 작용 등을 한다.

또한 암 예방과 동맥경화 억제효과가 있고 숙취의 원인이 되는 아세트알데히드 분해를 촉진하며, 구운 고기 섭취 시 위암을 발생시키는 성분을 억제하는 효과가 있다.

4) 니아신

니아신은 비타민 B3라고 알려져 있는 수용성 비타민이다. 니아신(niacin)이라는 용어는 니코틴산(nicotinic acid)과 니코틴아미드(nicotinamide)를 말한다. 커피가 다이어트에 좋은 이유는 카페인과 니아신이란 성분 때문이다. 또한 커피 속에 들어 있는 비타민인 니아신은 우리 몸에서 칼로리 소비를 늘리는 작용을 하기 때문에 다이어트에 제격이다.

5) 칼륨

수용성으로 부족하면 권태감이 오고 근육이 약해져 활동력이 무디게 된다.

6) 당 성분

캐러멜화 반응으로 생긴 수용성의 갈색물질로 쓴맛을 내고, 반응하지 않은 당은 단맛을 낸다. 향기와 감칠맛을 증대시키는 작용을 한다. 단백질, 탄수화물, 지방, 유기산 등은 커피 가공 동안 높은 열을 받아 커피의 향과 맛을 내는 알코올, 알데히드, 케톤, 에스테르, 카페올 등 각종 휘발성 물질로 변한다.

알칼리성 음료인 원두커피는 추출 직후부터 산화되기 시작하여 30분이 경과하면 완전 산화되므로 건강에 나쁜 영향을 줄 수 있다.

7) 지방산

탄소 결합물로 포화지방산과 불포화지방산이 있다. 포화지방산은 단일 결합물로서 고체 상태로 존재하며 불포화 지방산은 이중결합으로 상온에서 액체 상태로 존재한다.

로스팅 시 커피에 윤기를 내는 것은 바로 이 불포화지방산이며, 커피 안에서 산소와 반응하여 산화하면서 맛이 변하게 된다. 생두 때는 콩 안쪽에 산소가 들어갈 일이 없지만 배전 시에는 커피 콩 자체가 50~80%

정도 부피가 커지는 데다 그 표면과 내부에 수많은 구멍이 생겨 산소가 들어가게 된다. 그 결과 맛의 변화가 빨리 일어난다.

그러므로 커피보관은 산소가 없는 상태 즉, 진공상태로 만들거나 잘 밀봉하여 냉장보관하여야 보관기간이 길어지고 맛이 변하지 않게 된다.

8) 지방

향과 가장 깊은 관계가 있는 성분으로 함유량은 약 12~16%이다. 향기성분은 생 원두를 볶는 과정에서 생기는 카페올과 에테르성 휘발성이므로 분쇄 후 공기와 접촉하게 내버려 두면 약 2주일 만에 없어진다.

9) 탄닌

쓴맛 성분으로 지나치게 볶거나 달이면 용출량이 증가하여 쓴맛이 더 강해지고, 추출시간이 길면 탄닌이 분해되어 피로갈롤이 생겨 풍미를 떨어뜨린다. 체내의 노화를 유발하는 활성산소를 제거하고 동맥의 혈전을 없애줌으로써 동맥경화를 예방한다.

The recipe for good coffee is simple - use a new pot every time.
- Otto von bismarck -

좋은 커피의 레시피는 간단하다. 매번 새로 끓인 물을 사용하면 된다.

오토 본 비스마르크(독일 지도자)

Memo

Chapter >> 02

커피의 재배 및 가공

Chapter >> 02

커피의 재배 및 가공

01 커피 재배 지역

커피 벨트

커피나무는 아무 곳에서 잘 자라지 못하고 온도가 높고 강수량이 높은 아열대 기후에 속하는 지역에서 잘 자란다.

세계에서 커피나무가 가장 잘 자라는 곳은 앞 그림에 위치한 나라들이다. 적도를 중심으로 남위 25~북위 25도 내의 열대 아열대 기후에 속하는 나라들로 마치 벨트모양처럼 위치하고 있어 커피 벨트 또는 커피 존이라고 한다.

세계에서 커피생산을 제일 많이 하고 있는 브라질로부터 시작하여 중남미 지역에선 페루, 콜롬비아, 코스타리카, 엘살바도르, 과테말라, 멕시코, 하와이, 아름다운 섬나라 자메이카와 쿠바, 도미니카가 커피 존 내에 위치하고 있다. 아프리카로 넘어가면 에티오피아와 탄자니아, 케냐, 예멘이 있고 동남아에서는 베트남과 인도네시아에서 커피를 생산한다. 이 나라들은 모두 60여 개국에 달하며 커피를 생산하여 전 세계에 수출하고 있다.

02 커피 재배 조건

1) 커피나무가 자라기에 좋은 기후와 품종

커피나무는 기온과 강우량, 고도가 가장 중요한 생산 조건이라 할 수 있다. 커피나무의 재배 시 접목, 꺾꽂이, 시험관 등 여러 번식 방법을 이용하지만 대부분의 커피나무는 씨앗을 이용하여 묘목으로 재배한다. 이유는 가장 손쉽고 저렴한 방법이기 때문이다.

아라비카종은 밤낮의 기온차가 심한 600~2200m에서 주로 재배된다. 강우량은 연 1000~2000mm 전후가 적당하며 습도가 적고 서리가 내리지 않아야 하며, 안개가 생기는 지역이 좋다.

로부스타종은 이보다 저지대에서 잘 자라며, 병충해에 강하고 잘 자란다. 일반적으로 가격도 싸고 카페인도 많이 함유되어 있다. 아라비카종은 카페인이 콩의 약 1% 정도이며, 로부스타는 약 2~3% 정도이다. 하지만 로부스타가 나쁜 커피라는 의미는 결코 아니며, 우수한 로부스타종은 매우 고가에 거래가 된다.

고지대에서 자란 커피일수록 고품질인 이유는 일교차가 크면, 꽃이 피고 열매를 맺기까지의 시간이 길다. 따라서 육질이 단단하고, 조직이 치밀하며, 향기와 산미가 우수하기 때문이다.

2) 커피나무가 자라기에 좋은 토양

유기성이 풍부한 화산재 토양이 커피가 자라기 좋은 땅으로 습기가 적당히 있고 물이 잘 빠지는 비옥한 토양이 가장 좋다.

토질의 차이는 커피 맛에 미묘한 영향을 주는데 커피 원산지인 에티오피아의 커피가 생산되고 있는 아라비아 고원은 화성암의 풍화에 의해 형성된 부식토 함량이 높은 토양이다.

브라질의 유명한 테라로사 역시 부식토가 풍부하고 질소, 인산, 석회 등이 다량 함유되어 있어 풍작을 거두기에 안성맞춤의 토질이다.

중미의 고산지나 남미의 안데스산 지역, 아프리카 고원지대 등 커피 생산국의 토양이 대부분 화산작용으로 생긴 화산회질과 부식토가 잘 어울려 있어 질 좋은 커피를 생산하는데 한 몫을 하고 있다.

커피는 열대성 기후, 즉 따뜻하고 습한 기후에서 잘 자라며, 재배지는 고원 특히 햇빛에 장시간 노출되지 않는 경사지가 좋다. 1,000m 내외의 저지대 평지에서는 직사광선에 노출되지 않도록 일정 비율로 잎이 크고 넓은 바나나 나무를 관목으로 사용해 햇빛과 서리 등을 방지하기도 한다.

03 수확

아라비카종의 경우에는 나무가 자라면서 꽃이 지고 난 뒤 6~8개월이 지난 후에 열매가 익기 시작한다. 열매가 익은 후에 수확하는 방법은 커피 농장의 상황에 따라 몇 가지로 나누어진다.

1) 핸드피킹(Hand-Picking)

말 그대로 사람이 직접 잘 익은 열매만을 선별하여 손으로 직접 따는 방식이다. 바람이 잘 통하게 하기 위해서 대나무로 된 바구니를 사람이 옆에 끼고 수확을 한다. 이러한 핸드피킹 방법은 잘 익은 열매만을 선별하여 수확하기 때문에 좋은 품질의 커피를 생산할 수 있다. 덜 익은 열매는 시간이 지난 뒤에 잘 익으면 다시 수확을 하기 때문에 보통 1주일 간격으로 수확을 시작한다.

핸드피킹은 잘 익은 열매만을 직접 수확하는 방식이라서 오랜 시간과 많은 노동력, 인건비를 필요로 한다. 이러한 단점을 가지고 있지만 좋은 품질의 커피를 수확할 수 있기 때문에 대부분의 중남미 커피 생산국에서 이 방법을 사용하고 있다.

2) 스트리핑(Stripping)

사람이 손으로 직접 수확하는 것은 핸드피킹과 같지만 스트리핑은 하나하나 수확하는 것이 아니라 가지 전체를 손으로 훑어 내려서 수확하는 방식이다. 스트리핑 방식은 핸드피킹 방식보다 훨씬 빠르게 수확할 수 있다는 장점이 있지만 잘 익은 열매만을 수확하는 것이 아니라 열매를 전부 수확하기 때문에 고품질 커피를 생산하는데 좀 힘들다는 단점이 있다. 또한 훑어 내리다 보면 커피뿐만 아니라 잎사귀나 나뭇가지들도 떨어지기 때문에 품질이 떨어진다는 단점이 있다.

브라질(노동력이 부족한 지역)이나 저품질의 로부스타 커피생산국에서 이루어진다.

3) 메커니컬 피킹(Mechanical Picking)

말 그대로 기계를 이용해서 수확하는 방법이다. 커피나무 전체를 감쌀 수 있는 정도 크기의 기계를 사용하며 수확하는 부분과 수확한 열매를 담을 수 있는 컨테이너가 같이 움직인다. 한 가지에 70% 정도가 익었을 때 이 방법을 이용해서 수확을 하는데 이 방법 역시 스트리핑과 같이 안 익은 열매들도 한꺼번에 수확이 되기 때문에 커피품질에 영향을 미친다. 하지만 노동력과 인건비가 많이 절감되고 수확시간을 단축시킬 수 있다는 점에서 브라질같이 대규모 농장에서 많이 사용하는 방법이다.

수확방법에 따른 비교

구 분	장점	단점
핸드피킹	잘 익은 열매만을 수확하므로 품질이 좋은 품질의 커피 생산	수확하는데 오랜 시간이 필요하므로 이에 따른 노동력과 인건비 부담
스트리핑	빠른 수확으로 인한 비용 절감	• 고품질 커피수확의 어려움 • 나뭇잎, 나뭇가지 등의 이물질이 섞임 • 수확시기 결정의 어려움
기계수확	• 노동력과 인건비의 대폭 절감 • 수확시간 단축 • 대량의 열매 수확	• 고품질 커피수확의 어려움 • 나무에 손상을 줄 수 있음 • 고가의 기계구입비 • 기계 사용 가능 지역이 한정됨

4) 동물을 이용한 수확

이 방법은 극히 드문 방법으로 사향고양이, 다람쥐, 원숭이 등 잘 익은 열매만을 따 먹는 동물들의 본능을 이용하는 방법이다. 동물이 열매를 섭취 후에 배설물과 같이 나오는 파치먼트(동물의 소화기관을 이용하여 열매나 체리의 외과피와 과육까지 완전히 제거된 것을 말한다)를 이용해 커피를 만드는 것이다. 이 방법은 독특한 향과 맛이 나고 수확량이 매우 적기 때문에 고가로 거래가 이루어진다. 특히 사향고양이를 이용한 루왁커피는 상당히 고가에 속한다.

04 가공

1) 자연건조 방식 · 건조법(Natural Coffee)

가장 오래되고 전통적인 방법이다. 말 그대로 햇빛을 이용하여 커피를 건조시키는 방법이다. 우리나라에서 예전에 쌀을 수확한 후 도로에서 건조시키는 것을 생각하면 된다.

처음에는 커피 재배를 시작한 예멘에서 커피를 수확하기 전에 햇빛에서 그대로 계속 건조시킨 후에 수분이 다 날아가면 수확을 하였다고 한다. 아직도 예멘이나 에티오피아의 일부분 지역에서는 이와 같은 방법을 사용하지만 대부분 커피를 수확한 후에 물로 가볍게 세척한 후 큰 콘크리트나 벽돌로 된 넓은 땅에 펼쳐놓고 말리고 있다.

자연건조

농장에 따라 말리는 방법이 다른데 나무로 직사각형의 틀을 만들어서 그 위에 올려놓은 뒤 건조시키기도 한다. 어떤 방법을 사용하던 간에 자연의 햇빛을 이용하여 커피를 건조하는 방법이다.

건조 기간 중에는 규칙적으로 써레질을 해 주어야 한다. 건조 중인 커피체리를 그대로 방치하게 되면 체리의 아랫부분은 수분이 덜 말라 곰팡이가 생길 수도 있고 수분 때문에 병충해가 생길 수도 있으며 전체적으로 건조 상태가 일정하지 않을 수 있기 때문이다. 그렇게 되면 커피 맛에 좋지 않은 영향을 끼치기 때문에 규칙적인 써레질을 통하여 골고루 잘 건조되게 해 주어야 한다.

보통 건조는 5~10일 정도 소요되며, 수분 함유량이 11~13%가 되면 수거를 하여 모든 체리의 수분을 일정하게 맞추기 위해 숙성과정에 들어간다. 이러한 자연건조방식을 사용하는 국가는 브라질, 에티오피아, 인도네시아 등 물이 부족한 국가나 햇빛이 좋은 지역에서 사용한다. 이러한 방식으로 가공된 커피는 좀 더 단맛이 나고 바디감이 풍부해지는 특징이 있다.

2) 세척 방식 · 습식법(Washed Coffee)

열매의 껍질과 과육을 벗겨낸 상태에서 건조하는 방법이다. 처음에 커피체리를 가볍게 씻은 뒤에 물이 담겨 있는 기계의 탱크에 넣어서 껍질을 분리시킨다. 껍질이 제거되면 아직 과육이 붙어 있는데 그 상태로 물이 가득 담긴 발효탱크로 옮긴 후에 약 하루 정도 두면서 깨끗한 물로 3~5회 갈아주면 물에 의해 과육이 완전히 제거되며 발효가 된다. 발효로 인해 깨끗한 맛과 과일 향을 얻게 된다.

모든 과정이 끝나게 되면 50% 이상의 수분이 남아 있게 되는데 건조기계를 사용하거나 자연 상태로 건조를 시작하면 11~13% 정도의 수분 함유량을 가지게 된다. 이 방법을 쓰게 되면 pH가 떨어지게 되고 커피 맛이 깔끔하게 되는 장점이 있다.

펄핑

3) 세미 워시드 방식(Semi-washed Coffee)

세척 방식과 거의 유사하지만 발효를 하지 않는다는 것이 차이점이다. 물로 가볍게 씻은 후에 기계로 껍질과 과육 모두를 벗겨낸 다음 건조시키는 방법이다. 주로 브라질에서 많이 사용한다.

4) 펄프드 내추럴 방식(Pulped Natural Coffee)

수확한 후에 물로 씻고 과육이 남아 있는 상태로 건조시키는 방법이다. 세미 워시드 방식과 비슷하지만 과육이 남아 있는 상태로 건조하는 것이 차이점이다. 이 방법을 사용하면 향이 풍부한 커피를 얻을 수 있다.

5) 기타 건조 방법

콜롬비아같이 비가 많이 오는 지역에서 쓰는 방법으로 열풍건조 및 세척방식으로 가공하는 방법이 있다.

05 포장

가공한 생두는 탈곡을 통해 파치먼트를 벗겨낸다. 이때 각 가공법에 따라 탈곡의 과정은 조금씩 달라진다.

건조 방식을 사용한 것은 껍질과 파치먼트까지 탈곡하고 이것을 밀링(milling)이라고 하며, 세척방식의 경우 파치먼트만 제거하는데 이것을 헐링(hulling)이라고 한다.

탈곡

탈곡한 생두는 결점두 혹은 스크린 사이즈, 재배고도 등으로 분류하여 등급이 나뉘어 포장된다.

통풍이 잘 되는 황마나 사이질삼으로 만든 백에 각 나라의 브랜드 및 로고와 커피의 등급을 표기하여 담는다. 많은 나라에서 1백당 60kg을 포장하지만 여러 나라에서 다양한 포장단위를 사용하여 유통되고 있다.

Chapter >> 03

배전(Roasting)

I always had seven coffee-pots on the boil, while I was discussing with the Turks, for I had to stay awake all night talking over religious matters with them.

– Napoleon Bonaparte –

터키에 대해 의논하는 동안에 나는 언제나 끓는 물에 일곱 주전자 양의 커피를 마셨다. 밤새도록 깨어 그들과 함께 종교적인 문제에 대하여 이야기를 나누었다.

나폴레옹 보나파르트(1세)

Chapter » 03

배전(Roasting)

01
로스팅이란

커피의 맛은 무엇에 의해서 결정이 될까? 물론 좋은 품종의 생두가 필수적이지만 무엇보다 커피의 맛을 좌우하는 것은 바로 배전(로스팅)이다. 커피에서 로스팅이란 가공된 생두에 열을 가해 볶아내는 것을 말한다. 생두 자체는 아무런 맛과 향이 없는데 로스팅이란 공정을 거쳐서 홀 빈(Whole Bean) 즉, 우리가 말하는 원두가 되며 이 원두를 분쇄하여 추출하면 커피가 되는 것이다.

배전 강도에 따라 크게 약배전, 중배전, 강배전으로 나누는데 배전강도가 강할수록 신맛이 약해지고 쓴맛이 강해진다. 로스팅 과정에서 생두 세포 내에 들어 있는 향과 맛을 내는 다양한 성분들이 밖으로 나와서 추출 시 커피의 맛과 향을 내기 때문에 중요한 핵심 공정이다.

1) 로스팅 과정

로스팅 과정은 크게 건조 단계, 1차 크랙, 2차 크랙, 냉각 단계를 거친다.

(1) 건조 단계

로스팅의 초기 단계로 콩의 색깔이 녹색에서 노란색으로 바뀌며, 커피가 가지고 있는 수분함량이 70~90%까지 소실되는 단계이다.

(2) 1차 크랙

원두 내부에 흡수된 열이 강한 압력을 발생시키고, 탄수화물이 산화되면서 많은 양의 CO_2를 만들어내며, 이를 외부로 발산하면서 원두조직이 벌어지는 단계이다. 이 과정을 통해 원두의 표면이 보다 팽창되고 색은 갈색에 가까워지며, 표면이 매끈해진다.

(3) 2차 크랙

원두의 고유한 향이 발산되는 시점으로 로스팅 과정에서 가장 중요한 단계이다. 1차 크랙 이후 원두 내부의 오일성분이 원두의 표면으로 올라오게 되며, 갈색에서 점차 진한 갈색으로 바뀌며 원두의 표면은 1차 크랙보다 더 팽창해진다. 2차 크랙 이후부터는 신맛과 단맛은 거의 사라지고 쓴맛이 강해진다.

(4) 냉각 단계

로스팅이 끝난 즉시 열을 식혀주어야 하는데, 커피콩이 가지고 있는 내부열로 인해 원하는 로스팅보다 더 진행되기 때문이다. 보통 찬 공기를 순환시켜 냉각한다.

2) 로스팅을 통한 생두의 변화

(1) 색깔의 변화

Green → Yellow → Light Brown → Medium Brown → Dark Brown → Dark

로스팅 단계별 색깔 변화

(2) 향의 변화

생두투입 → 수분증발 → 고소한 향 → 고소한 향+신향 → 신향 → 신향+생두 고유의 향 → 생두 고유의 향 → 탄향 → 향의 감소

(3) 중량의 변화

약배전(Light Roast) : 12~14% 감소

중배전(Medium Roast) : 15~18% 감소

강배전(Dark Roast) : 19~25% 감소

3) 로스팅의 원리

로스팅은 시간과 온도에 의존하는 공정이다. 커피생두의 물리화학적 변화와 함께 구조적 변형이 로스팅에서 시작되고 완성된다. 수분이 증발되고, 이산화탄소가 생성되어 방출되며, 여러 휘발성 향기성분이 생성되고 손실된다. 부피는 약 2배까지 증가하고 조직이 다공성으로 바뀌면서 밀도는 반 이하로 감소한다. 로스팅의 원리는 열 전달에 있으며, 전도, 대류, 복사에 의해 공급된 열이 생두를 가열하면서 일어나는 반작용이다.

02 로스터기의 종류

1) 직화식 로스터(Conventional Roaster, Drum Roaster)

가장 보편적인 방법으로 말 그대로 불로 직접 배전을 하는 것이다. 구조가 단순하고 고장이 적어 널리 사용되고 있다. 원통형 드럼 안에 생두를 넣고 가열을 한다. 드럼 표면의 열에 의해 생두가 배전된다.

이 드럼은 규칙적으로 회전을 하게 되는데 이는 생두가 뭉쳐지지 않고 전체적으로 고르고 균등하게 배전되게 하기 위함이다. 배전이 끝나게 되면 앞쪽의 문을 열어서 로스팅된 생두를 냉각기로 방출하여 냉각을 시작한다. 이 방법의 단점은 시간이 좀 오래 걸리고 균일하게 배전을 하기가 힘들다는 점이다. 또한 연기가 많이 발생하여 대형화가 어렵다.

2) 반열풍식 로스터(Semi-Rotating Fluidized Bed Roaster)

직화식 로스터의 변형으로 드럼의 몸체에 구멍을 뚫어서 고온의 연소가스가 드럼 내부를 지나도록 한 것이다. 직화식과 같이 드럼 표면의 열을 이용하여 배전을 하고 또한 팬이나 모터를 이용해 연소가스를 강제로 불어넣어 2중으로 배전을 하는 방식이다. 직화식보다는 좀 더 균일한 배전이 가능하다.

3) 열풍식 로스터(Rotating Fluidized Bed Roaster)

복사된 고온의 열풍을 이용하여 배전하는 방식으로 쉽게 생각하면 헤어 드라이기로 생두를 배전시킨다고 생각하면 된다. 고온의 열풍을 고속으로 드럼으로 불어 넣어주기 때문에 생두들은 공중에 뜬 상태로 회전을 하면서 섞이고 볶아지기 때문에 직화식보다 훨씬 균일하게 배전이 되며 시간도 효율적이다.

4) 그 외의 로스터

1970년대 일본에서 개발된 숯불 로스터가 있다. 숯이 발하는 원적외선이 생두의 내부를 가열하여 겉과 속이 균등하게 배전되는 장점과 고유의 스모크 때문에 독특한 향을 가질 수 있다. 그리고 현대 과학을 이용한 디지털 로스터로 전기를 이용하여 커피를 볶는 전기 로스터를 말한다.

03
블렌딩(Blending)

생두는 품종에 따라 맛과 향이 다르다. 아라비카 종은 부드럽고 향이 풍부한 특징을 가지고 있고 로부스타 종은 쓴맛이 강하고 향기는 약한 특징을 가지고 있다. 또한 지역 및 기후, 재배 조건, 가공 방법 등에 따라 맛이 차이가 있다. 이러한 각각의 특징들을 고려하여 블렌딩을 실시하며, 종류와 비율에 따라 그 결과도 차이가 난다.

블렌딩이란 섞어서 혼합한다는 뜻으로 커피에서의 블렌딩은 특성이 다른 2가지 이상의 생두를 섞어서 새로운 향과 맛을 가지는 커피를 만들어내는 것을 말한다. 블렌딩을 하는 이유는 단종커피의 단순함을 보완하기 위해서, 특별한 커피 맛과 향을 통한 차별화를 위해, 상업적 목적으로 원가를 절감하기 위해 실시한다고 알려져 있다.

최초의 블렌딩 커피는 인도네시아 자바 커피와 예멘, 에티오피아의 모카 커피를 혼합한 모카 자바(Mocha-Java)로 알려져 있다. 섬세하면서도 감칠맛의 모카 커피와 조금은 거칠고 쓴맛의 자바 커피의 블렌딩은 바람직한 커피 블렌딩의 표준으로 되고 있다.

블렌딩을 잘 하기 위해서는 원산지별 커피의 특성을 제대로 이해하고 있어야 하므로, 오랜 경험과 고도의 기술이 필요한 과정이다. 단순히 여러 가지 생두를 섞는다는 개념으로 블렌딩을 한다면 그에 따른 결과는 천차만별로 달라질 것이다. 원두의 맛 평가는 기본이고 여러 가지의 원두를 섞었을 때 그 결과를 예상할 수도 있어야 한다. 그렇게 나온 결과물은 각각 회사나 개인 샵에서 아주 조심스럽게 다뤄지고 있다. 블렌딩의 비율이나 생두의 종류를 공개한다는 것은 회사의 노하우이자 비밀을 공개하는 것이므로 쉽게 유출을 시키지 않는다.

블렌딩 방식

구 분	혼합 블렌딩(before blending)	단종 블렌딩(after blending)
방법	정해진 비율에 맞게 각각의 생두를 혼합한 상태로 로스팅하는 방법	단종별 생두를 각각 로스팅한 후 정해진 비율에 맞게 혼합하는 방법
장점	• 로스팅 작업시간을 단축할 수 있다. • 로스팅 중 단종커피들의 맛과 향을 만들어 낸다. • 균일한 커피 맛을 낼 수 있다. • 동일한 로스팅 컬러를 맞출 수 있다.	• 단종커피의 최적 로스팅 포인트에 맞게 로스팅이 가능하다. • 개성적인 커피 맛을 내기에 유리하다. • 맛과 향의 보완이 쉽다.
단점	• 로스팅 시 단계별 단종커피 향의 변화를 체크하기 어렵다. • 투입온도와 화력조절의 기준을 정하기가 어렵다. • 맛과 향의 보완이 어렵다.	• 항상 균일한 커피맛을 내기가 어렵다. • 로스팅 작업시간이 길다. • 로스팅 결과물이 다를 수 있다.

Chapter >> 04

다양한 커피 추출

France is losing its bread and wine, its coffee went to hell after war.
– Ezra pound –

프랑스는 그들의 빵과 와인을 잃어가고 있다. 그들의 커피는 전쟁 이후에 엉망이 되어버렸다.

에즈라 파운드

Chapter » 04

다양한 커피 추출

01 추출

1) 정의

추출이란 다양한 추출기구를 이용하여 분쇄된 커피가루와 물을 통해 커피가 가지고 있는 맛과 향을 뽑아내는 것을 의미한다. 녹을 수 있는 물질(커피가루)인 용질과 녹이려고 들어간 액체(물)인 용매, 그리고 용질이 용매에 녹아서 용매와 함께 추출된 것(커피음료)이 용액이다. 커피를 추출하는 방법에는 크게 담금법과 투과법이 있다.

담금법은 침출식이라고도 불리며, 추출용기에 분쇄된 커피가루를 넣고 뜨거운 물을 붓거나 찬물을 넣고 가열하여 커피성분을 뽑아내는 방식으로 프렌치프레스, 사이폰 등이 대표적이며, 투과법은 분쇄된 커피를 필터에 넣고 물을 투과시켜 커피 성분을 뽑아내는 방식으로, 드립식 커피나 에스프레소가 이에 해당한다.

02 추출의 방법 및 종류

1) 터키식 커피

세계에서 가장 오래된 커피추출법으로 알려져 있으며 원두를 아주 곱게 갈아 더욱 진한 맛을 내며, 미지근해졌을 때 더욱 부드럽고 진한 향이 난다. 이브릭(Ibrik)추출이 터키식 커피에 속하며, 이브릭(Ibrik)이라고 하는 특별하게 생긴 주전자를 이용하는 추출방식이다.

2) 핸드드립

가장 자연적인 방법으로 중력을 이용한 추출법이다. 일반 가정에서 가장 손쉽게 사용할 수 있는 방법으로 필터(종이, 융)에 분쇄된 커피를 넣고 뜨거운 물을 부어 커피를 여과시키는 방법이다. 추출 시 사용되는 드리퍼는 크게 멜리타, 칼리타, 고노, 하리오 등이 있으며, 필터를 통과하는 과정이 있기 때문에 커피가루가 깨끗이 여과되긴 하지만 맛과 향을 완전히 뽑아내기는 어려운 방법이다.

3) 프렌치프레스

이 방식은 19C 중반부터 사용되었으며 필터 없이 물과 분쇄한 커피가루를 함께 기구에 넣어서 추출하는 방식으로, 침지식 추출법이다.

프렌치프레스 본체에 커피와 물을 넣고 뚜껑에 달린 프레스를 눌러 커피를 걸러내어 추출하는 방식으로, 프레스에 달린 필터는 종이필터처럼 촘촘하게 구멍이 나 있지 않아 커피 오일과 종이필터가 흡수해 버리는 좋은 성분을 거르지 않는다. 이에 커피가 가지고 있는 풍부한 맛을 표현할 수 있다는 장점이 있으나, 미분이 생기기 때문에 잡미가 느껴질 수도 있다.

4) 진공 튜브 방식

증기의 압력과 물의 삼투압을 이용하는 진공식 추출방식을 말한다. 상하부분으로 나누어져 있으며 그 사이에는 관이나 튜브가 연결되어 있고 필터가 있으며 위아래는 완전히 밀봉되어 진공상태로 이루어져 있다. 아래에서 불을 이용하여 물이 끓으면서 증기압과 삼투압으로 인해 끓는 물이 위로 올라가게 된다. 그 후에 불을 끄게 되면 압력이 떨어져서 커피 액만 아래로 내려 마시는 추출방법이다.

이 방법은 시간이 많이 걸리고 번거롭기 때문에 많이 사용하지 않지만 추출되는 모습이 아름다워서 애호가들이 한 번씩은 꼭 해보는 추출법이다. 이 추출법은 일본을 거치면서 사이폰(Syphon)방식으로 불린다.

5) 모카포트

에스프레소 방식에 가장 가까운 방식으로 가열된 물에서 나오는 증기압으로 커피를 추출하는 방법으로 이탈리아에서는 카페띠에라라는 이름으로 불린다. 어느 정도의 압력을 가지고 있기 때문에 압력을 견딜 수 있을만한 강철로 만들어진 주전자를 사용한다.

이 주전자는 위아래 두 부분으로 서로 돌려서 여닫게 되어 있고 아래쪽 가운데에는 분쇄된 커피를 담는 필터바구니가 들어 있다. 고압의 증기가 필터 바구니를 통해 올라가서 커피를 추출해 가는 관을 통해 위쪽의 주전자로 올라가게 되어 추출을 한다. 이에 지용성 향이 추출되지만, 다소 거친 맛이 특징이다.

6) 에스프레소 추출

증기압을 이용해 커피가루를 압축하여 진한 커피를 추출한 뒤 뜨거운 물과 거품으로 희석시켜 완성하는 것으로 이 방법은 이탈리아 등지의 유럽 지역에서 광범위하게 사용되는 추출 기구이다.

드립식 기구가 아메리칸 식의 엷은 맛의 커피를 만드는데 비해, 에스프레소의 추출방법은 유럽식의 진한 커피가 특징이다. 이 추출법의 가장 특징적인 것은 크레마가 생성이 된다는 것이다. 이 부분에 대해서는 다음 장에 자세히 설명하고자 한다.

They have in Turkey a drink called coffee. This drink comforteth the brain and helpeth digestion.
– Francis Bacon –

터키에서는 커피를 음료로 마신다. 이 음료는 머리를 맑게 하고 소화를 돕는다.

프란시스 베이컨(철학자)

Memo

Chapter » 05

에스프레소의 이해

Ah, that is a perfume in which I deligh t; when they roast coffee near my house, I hasten to open the door to take in all the aroma.

– Jean Jacques Rousseau –

아, 내게 이 기쁨을 주는 향기여 ; 집 근처에서 커피콩을 볶을 때면 나는 서둘러 창문을 열어 그 향기를 모두 받아들인다.

장 자끄 루소

Chapter » 05

에스프레소의 이해

01 에스프레소란?

많은 사람들이 에스프레소에 대해 알지 못한다. 커피를 에스프레소라고 부를까? 카페인이 더 많이 들었을까? 설탕을 첨가하면 안 될까? 표면에 있는 갈색 거품은 무엇일까?

에스프레소의 사전적 의미는 공기를 압축하여 뽑아낸 커피를 데미타세(Demitasse)잔에 마시는 이탈리아 정통 커피를 에스프레소라고 한다. 보통 에스프레소란 이탈리아어로 빠르다라는 뜻이며 추출의 여러 방법 중 하나로써 압력을 이용하여 짧을 시간에 추출한 커피 액을 말한다. 커피의 종류나 가공에 따라 결정되는 것이 아니라 추출방법에 의해 결정되는 것으로 일정한 양(6~8g)의 분쇄된 커피를 일정한 시간(20~30초), 일정한 압력(7~9bar)과 온도(88~951℃)로 일정한 양(20~30ml)을 추출한 커피가 에스프레소이다.

위에는 일정한 범위가 설명이 되어 있지만 많은 전문가들은 에스프레소, 커피란 답이 없다라고들 말한다. 그 이유는 에스프레소란 정확히 명시된 정의가 없기 때문이다. 위에 적혀 있는 범위의 조건으로 추출을 하면 모두 에스프레소라고 할 수 있다.

커피전문점마다 에스프레소 및 커피 맛이 다르지만, 이 중 어떤 것이 정통 에스프레소다라고 선택하는 것은 우스운 얘기일 뿐이다. 김치를 예를 들어보면 우리나라 김치도 지역마다 다르다. 남도지방으로 갈수록 젓갈 및 여러 가지 재료들이 들어가서 진하고 깊은 맛이 나고, 수도권 지방 김치는 시원한 맛이 많이 난다. 그리고 만드는 사람의 취향, 솜씨에 따라 맛이 차이가 난다. 이처럼 각각의 맛을 내지만 이 모든 것은 김치라고 부른다. 에스프레소 역시 마찬가지다. 즐기는 사람의 취향에 따라 진하게 마시는 사람은 진하게 뽑을 것이고, 신맛을 좋아하는 사람은 자기의 취향에 맞게 뽑을 것이다. 이 모든 것이 에스프레소이며 왜 같은 에스프레소인데 서로 맛이 다르냐고 문제 삼는 것은 틀린 것이다.

이탈리아나 유럽에서는 에스프레소 그 자체를 즐기기도 하지만 전 세계적으로 많은 사람들은 에스프레소를 이용한 음료를 마신다. 사실 대부분의 커피 및 커피음료를 만드는데 가장 기본이 되는 것이 에스프레소다. 그렇기 때문에 에스프레소가 좋아야 그에 따른 모든 커피 및 음료의 맛이 좋아지는 것이다.

완벽한 에스프레소를 추출을 위한 5M은 다음과 같다.

① Miscela E Tostatura(Blends and Coffee)

원두의 종류 및 블렌딩(배합)

② Macinatura E Dosatura(Grinder)

그라인더

③ Macchina(Machine)

에스프레소 머신

④ Mano(Operator)

에스프레소 커피를 추출하는 사람

⑤ Manutenzione(Maintenance)

에스프레소 머신의 유지 및 관리

이 5M이 좋은 에스프레소를 추출하는 가장 기본이자 중요한 조건이다.

첫째, 원두의 종류와 블렌딩은 에스프레소 추출에서 가장 중요한 요소로 재료라 할 수 있다. 다양한 커피나무의 품종, 재배지역, 산지와 고도, 수확방법에 따라 맛이 다르고, 블렌딩은 커피의 맛을 풍부하게 해준다. 원두를 블렌딩하는 사람의 기호에 따라 같은 원두라도 전혀 다른 맛을 만들어 낼 수 있다.

둘째, 그라인더는 에스프레소 추출의 전단계로 커피의 분쇄 정도와 커피의 양, 즉 추출시간이 결정된다.

셋째, 에스프레소 머신으로 추출온도와 추출압력이 결정되고, 추출이 이루어지는 단계이다. 추출압력은 추출속도에 영향을 미치며, 온도는 에스프레소의 맛에 영향을 미치는 중요한 요인이 된다.

넷째, 에스프레소를 추출하는 사람, 바리스타이다. 맛있는 커피의 비밀 중 하나는 양질의 원두, 커피장비 이외에 에스프레소 한잔을 만드는데 필요한 사람의 손이다. 동일한 원두, 그라인더, 커피머신으로 추출한 커피의 맛도 누가 내렸느냐에 따라 맛에 차이가 있을 수 있다.

다섯째, 에스프레소 머신의 유지 및 관리이다. 그라인더, 커피머신 등 커피추출을 위한 장비들은 항상 사용가능한 상태이어야 한다. 이러한 장비의 관리들은 매장의 청결 및 기계의 수명을 연장시켜주는 중요한 요소이기도 하지만, 궁극적으로 에스프레소의 맛을 유지해 준다.

02 에스프레소의 역사

커피의 역사는 오래되었지만 사람들이 에스프레소를 마시기 시작한 것은 그렇게 오래되지 않았다. 에스프레소는 유럽에서 시작되었는데, 17~18C경 유럽으로 커피가 전파되었을 때는 커피가루와 설탕, 물을 같이 끓여서 윗부분의 커피 액만 따라서 마셨다(흔히 말하는 터키식 커피).

그 이후 좀 더 다른 방법을 생각한 사람들은 커피를 좀 더 거칠게 갈아서 필터를 이용해 걸러내서 마시는(드립 커피) 방법을 고안했다. 시간이 지날수록 유럽에서 커피의 인기는 높아져 좀 더 많은 손님에게 빠르게 커피를 제공해야 할 필요성이 대두되고, 19C 이탈리아 북부 지역을 중심으로 추출을 좀 더 빨리 하기 위한 기계를 탄생시키게 했다.

드립커피는 오직 뜨거운 물이 중력을 이용하여 커피를 통과해서 만들어지는 추출방식이다. 어떻게 하면 그보다 더 빠르게 추출을 할 수 있을까? 그 방법을 찾은 것이 압력을 이용하여 좀 더 빠르게 추출하는 것이다. 위에서 압력을 주어서 물을 좀 더 빨리 내려 보내는 방법이 있을 것이고, 반대로 아래쪽 압력을 낮춰서 물을 빨아 당기는 방법이 있을 것이다. 출구 쪽 기압을 낮춰서 커피의 추출속도를 빠르게 한 기계는 1840년대에 이미 여러 종류가 만들어졌다.

대표적인 것이 스코틀랜드 사람인 나피어(Robert Napier)가 고안한 진공추출기인데, 오늘날 사이폰 방식의 원형이라고 할 수 있다. 진공상태의 압력차를 이용하여 좀 더 빨리 추출할 수 있게 되었다. 이후 1855년 파리 만국박람회에서 커피 추출기계가 처음 출품되었는데 1843년 프랑스 사람인 데상테(Edward Loysel de Santais)가 고안하였고, 증기기관을 갖춘 타워형의 커다란 기계에서 시간당 2,000잔의 커피를 추출했다고 한다. 이 기계는 세간의 주목을 받긴 했지만 기계가 워낙 큰데다가 복잡해서 결국은 널리 보급되지 못하고 말았다.

커피 추출을 좀 더 빠르게 하기 위한 연구가 계속되는 가운데 증기압을 이용하여 뜨거운 물을 빨리 내려 보내는 방법이 19C 중반 시도되기 시작하였다. 1901년 이탈리아 밀라노의 베제라(Lugi Bezzera)는 증기압을 이용해서 업무용 기계의 특허를 처음으로 얻어냈다. 이때 베제라는 자신의 기계에서 나오는 커피를 카페 에스프레소라고 불렀고 이후부터 에스프레소라는 단어가 알려지기 시작했다.

이후 1903년 베제라의 특허권을 손에 넣은 파보니(Desiderio Pavoni)는 1905년 기계를 만들기 시작하였으며 손님의 주문 시마다 1잔씩 커피를 제공하던 기존 방식(터키식 커피)과 유사하던 이 기계는 이탈리아에서 큰 호응을 얻기 시작하여 다른 업자들도 이러한 방식의 기계를 만들기 시작하였다.

이 방법이 널리 퍼지면서 좀 더 빠른 커피추출이 가능해졌지만 이에 따른 문제가 나타나기 시작하였다. 압력과 온도가 문제였다. 기계를 사용하여 추출을 하면 증기압이 1.5기압 정도인데 물은 1기압에 100℃에서 끓지만 기압이 그 이상으로 올라가면 100℃가 넘어 버리기 때문이다.

오늘날 가장 완벽한 에스프레소는 90℃ 정도의 온도로 추출하는 것이다. 그 이상의 온도가 되면 지금의 에스프레소보다 더 많은 잡미가 생성되어지고 커피의 성분 일부분이 변화하기 때문에 떫고 쓴맛이 많이 난다. 그래서 압력은 높이되 물의 온도는 올리지 않는 방식을 연구하는 도중 1938년 크레모네시(M. Cremonesi)가 피스톤 펌프의 압력으로 물을 끓이지 않고 압력을 가해서 커피를 추출하는 방식을 개발하였으며 기존의 파보니 머신의 단점이었던 커피의 탄 맛을 제거해주는 획기적인 방법이었다.

1936년 밀라노에서 카페를 경영하던 가지아(Achille Gaggia)는 크레모네시가 죽은 다음 그의 특허를 손에 넣어 레버 피스톤식 머신으로 개량하

였다. 이후 본격적인 커피 머신을 제조하는 회사인 가지아를 1947년에 설립하였고, 이때 출시한 제품이 스프링 레버를 사용한 피스톤식 머신이었다.

크레모노시의 피스톤 방식과 가지아의 레버 피스톤 방식의 발견으로 추출압력 10기압에 가까운 고압이 걸리면서도 미세한 조절이 가능해졌다. 이로써 가지아의 레버 피스톤식 머신은 급속도로 보급되었고, 오늘날의 매뉴얼식 에스프레소 머신의 원형이 되었다.

이렇게 기계가 발전하는 과정 중에 의도하지 않았던 물질을 발견하게 되었다. 바로 크레마(Crema)라고 불리는 거품이었다. 이때 당시는 이 크레마를 천연 커피 크림(Crema Caffe Naturale)이라고 불렀고 크레마의 존재가 맛있는 에스프레소인지를 말해주는 지표가 된다고 인식하면서 각 점포의 바리스타(Barista)들의 실력을 평가하는 기준이 되기 시작하였다.

그 후 에스프레소 머신은 더욱 발전을 하여 1950년대에는 수압 방식으로 피스톤을 작동하는 머신이 개발되었고 1960년 발렌테(Ernesto Valente)에 의해 유명한 Faema E61이라는 머신이 태어나게 되었다. 이 머신은 열교환기를 사용하여 항상 신선한 물을 커피추출에 이용할 수 있게 만들었으며 커피머신의 소형화가 가능해졌다.

그 이후 꾸준한 머신의 발전을 통하여 버튼을 이용해 분쇄 및 우유 거품까지 만들어내는 완전 자동 방식의 에스프레소 머신까지 발전하여 오늘에 이르게 되었다.

03 크레마(Crema)

크레마는 에스프레소 추출 시 순간적으로 5초 정도 커피를 불리고 나서 7~9Bar의 압력으로 밀어내어 생기는 황금색이나 갈색의 크림이다. 에스프레소 추출 시 상부에 나타나는 황금색 및 갈색을 띠는 크림을 말하며 곱게 간 원두에서 나오는 아교질과 섬세한 커피오일의 결합체로 젤라틴과 같은 고운 입자들이 쉽게 침전되지 않고 커피 위에 떠 있는 상태라고 할 수 있다.

크레마는 에스프레소에서 상당히 중요하다. 우리가 육안으로 에스프레소의 품질을 확인할 수 있는 방법은 크레마의 상태로서 확인할 수 있다. 그렇다고 해서 크레마가 많다고 해서 좋은 에스프레소라고는 할 수 없지만 크레마가 아주 얇거나 없으면 원두가 오래되거나 추출에 문제가 있다고 생각할 수 있다.

크레마는 단열층의 역할을 하여 커피가 빨리 식는 것을 막아 주고, 향을 함유하는 지방 성분이 많아 보다 풍부하고 강한 커피 향을 느낄 수 있게 해 준다. 또한 크레마 자체가 부드럽고 상쾌한 맛과 단맛을 지니고 있어서 에스프레소의 백미라고 할 수 있다.

크레마는 커피의 숙성, 신선도, 커피의 양, 분쇄 정도, 탬핑, 물의 양, 온도, 추출시간, 추출압력, 블렌딩, 로스팅에 따라 차이가 있을 수 있다. 그렇기 때문에 바리스타 또는 에스프레소를 추출하는 사람은 크레마를 육안으로 식별할 수 있는 능력이 필요하다.

정상 추출의 크레마

추출 시간이 늦음, 입자가 가늘거나 원두의 양이 많을 때

추출 시간이 빠름, 입자가 굵거나 원두의 양이 적을 때

Memo

Chapter >> 06

에스프레소 머신의 이해

It' s just like when you' ve got some coffee that' s too black, which means too strong. What do you do? You integrate it with cream, you make it weak.... It used to wake you up, now it puts you to sleep.

– Malcolm X on Black Power and the Civil Rights Movement –

그것은 아주 짙은, 그래서 아주 강한 블랙커피를 받아 든 것과 꼭 마찬가지다. 아마도 당신은 블랙커피에 크림을 타서 연하고 약하게 만들겠지만 만약 크림을 너무 많이 넣으면 커피를 마신 것 같지도 않을 것이다. 강했던 것이 약해지고, 정신을 번쩍 나게 만들었던 것이 이젠 잠을 재우는 것이 될 것이다.

말콤 엑스

Chapter » 06

에스프레소 머신의 이해

좋은 에스프레소를 추출하기 위해서는 물론 원두의 종류 및 상태가 중요하지만 머신을 이해하는 것 역시 매우 중요하다 할 수 있다. 앞에도 언급했듯이 분쇄가 커피의 맛과 향을 얼마나 좌우하는지 알 것이다. 그렇기 때문에 분쇄할 수 있는 기계인 그라인더와 추출할 수 있는 에스프레소 머신을 이해하는 것이 중요하다.

이 장에서는 에스프레소 머신의 구조 및 추출 방법, 청소 등 에스프레소 머신에 대해서 알아보자.

01
에스프레소 머신

에스프레소 커피의 꽃이라고 부를 수 있는 에스프레소 머신은 모든 과정이 끝난 후에 실제로 에스프레소를 추출하는 마지막 단계라고 할 수 있다. 과학적이고 합리적, 경제적인 에스프레소 머신은 커피전문점이나 카페에서 꼭 필요한 존재가 되었다. 바리스타와 가장 가까운 친구이자 조력자인 에스프레소 머신은 어떻게 다루느냐에 따라 추출되는 에스프레소가 결정된다.

아무리 좋은 에스프레소 머신이라고 해서 추출되는 모든 에스프레소가 맛이 있는 것은 아니다. 반대로 조작하기 어렵고 성능이 떨어지는 에스프레소 머신이라고 모든 에스프레소가 맛이 없는 것은 아니다. 좋은 머신이라고 하더라도 바리스타의 실력이 그만큼 따라주지 못한다면 맛있는 에스프레소가 나올 수 없고, 성능이 안 좋은 머신이라고 하더라도 바리스타의 실력이 뛰어나다면 맛과 향이 좋은 에스프레소가 나올 수 있다. 그러므로 바리스타는 커피의 특성은 기본으로 알아야 하고 에스프레소 머신의 구조나 작동원리 등을 모두 이해하고 있어야 한다.

1) 에스프레소 머신의 구분

에스프레소 머신은 원리에 따라 수동식, 반자동식, 자동식, 전자동식으로 나뉘고 용량에 따라 1그룹, 2그룹, 3그룹, 4그룹으로 구분이 된다. 세밀히 나누면 이렇게 되지만 보편적으로 크게 수동식, 반자동식, 자동식 3분류로 나뉜다.

(1) 수동식 에스프레소 머신

전통적인 형태로서 말 그대로 사람의 손을 사용하여 모든 동작이 이루어지는 머신이다. 앞에 에스프레소 머신의 역사 부분에서 언급을 했듯이 에스프레소 머신의 시초라고 부를 수 있는 머신이다.

가지아의 레버를 이용한 피스톤 방식의 기계로서 아래쪽의 필터 바스켓에 분쇄된 커피가루를 담은 후 레버를 위로 올려주면 피스톤이 올라가게 되고 그 아래에 뜨거운 물이 유입된다. 그 후에 안에 있는 용수철의 힘을 이용해서 레버를 한 번에 내리게 되면 피스톤도 아래로 내려가게 되어

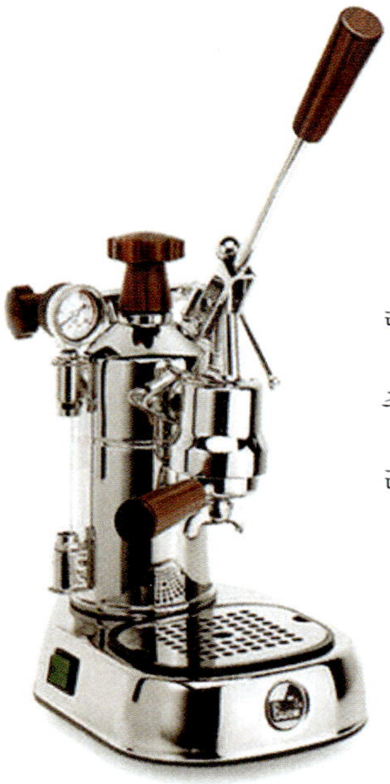

뜨거운 물이 압축되고 그 압력에 의해서 에스프레소가 추출되는 원리이다.

이 머신은 처음에는 엄청난 반응을 보였지만 사람이 몰릴 경우 빠른 대응이 어렵고 사람이 직접 손으로 힘을 주어서 추출해야 하는 단점이 있었다. 이러한 단점을 극복하고자 편리성과 스피드가 증가된 반자동 에스프레소 머신이 개발되었고, 그 후로부터 수동식 에스프레소 머신은 소외되기 시작하였다.

하지만 아직도 이 머신은 유통되고 있으며, 유럽의 몇몇 카페는 전통을 유지하면서 수동식 머신을 사용하고 있다. 그러나 그 점유율은 미비하며 대부분은 장식용으로 사용하고 있다.

(2) 반자동 에스프레소 머신

현재 카페나 커피전문점에서 가장 많이 사용하고 있는 머신으로서 바리스타의 역량이 필요하며 그에 따라 다양한 에스프레소를 추출할 수 있는 머신이다.

처음 개발되었을 때는 수동식에 가까울 만큼 손이 많이 갔지만 과학의 발전으로 인해 요즘은 버튼 하나로만 추출이 가능하게 되었다. 반자동 머신은 바리스타에 따라서 커피의 맛이 좌우되기 때문에 그만큼 변수가 있지만 카페나 커피전문점에서 반자동 머신을 많이 선호하는 이유는 청소와 소모품 교체를 적절하게 해주면 큰 고장이 없고 고장이 나더라도 전자동 머신보다 수리하기가 간단하기 때문이다.

또한 고객들 역시 반자동 머신을 좀 더 신뢰하고 있다. 손맛이라고 해야 할까? 김치를 생각해 보자. 물론 공정을 통해서 대량으로 만들어 유통시키는 김치도 맛은 있겠지만 자신이나 주위 사람이 직접 담근 김치를 더 선호하며 맛있고 신선하다고 생각하는 것과 같다고 생각하면 된다.

그리고 바리스타의 실력이 뒷받침되어 있다면 능동적으로 커피의 맛을 고객에 입맛에 맞추어서 다양하게 변화를 줄 수 있어서 좀 더 큰 만족도를 가져올 수 있다.

현재 대부분 책들과 문서들 역시 반자동 에스프레소 머신에 대해 기술을 하고 있고 이 책 역시 반자동 머신에 중점을 맞추고 있다.

(3) 전자동 에스프레소 머신

말 그대로 모든 것이 자동으로 실행되는 머신이다. 그라인더 역시 내부에 장착되어 있고 분쇄 및 추출이 한번에 이루어지기 때문에 사용이 아주 간단하며 내부의 전자장비에 의해 프로그래밍이 되어 있어서 설정을 한번만 해 놓으면 어느 누가 작동을 하더라도 일정한 커피 맛을 낼 수 있는 것이 큰 장점이다.

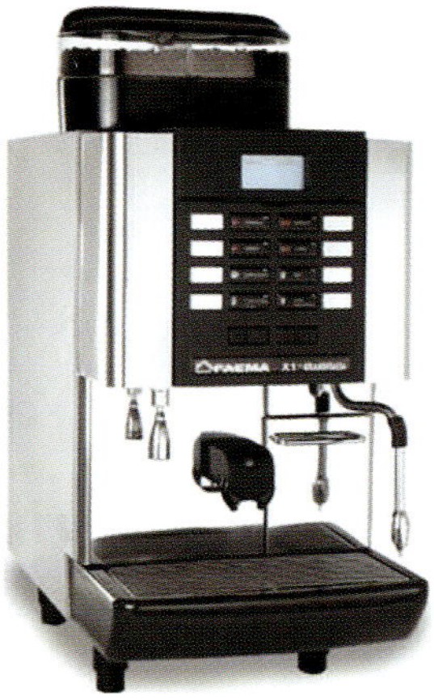

처음에는 에스프레소만을 위한 머신으로 개발이 되었는데 최근에는 카페라떼, 카푸치노 등 에스프레소를 이용한 커피 음료들도 자동으로 추출해주는 머신도 출시되고 있다.

모든 것이 자동으로 되어 사용하기에는 아주 편리하지만 그만큼 단점 또한 가지고 있다. 우선 가격이 비싸고 잔고장이 많으며 수리비 역시 비싸다는 점이 있고 관리하기도 반자동 머신에 비해서 까다로운 편이다.

반자동 에스프레소 머신과 전자동 에스프레소 머신의 비교

종류 / 특징	반자동 에스프레소 머신	전자동 에스프레소 머신
장 점	• 그라인더와 머신이 분리되어 있고 원두커피에 열전달이 없어 에스프레소의 맛과 변화가 적다. • 바리스타가 원하는 대로 변화를 주어서 다양한 에스프레소를 추출할 수 있고 그에 따른 다양한 커피메뉴를 만들기에 용이하다. • 관리가 용이하고, 기계적이기 때문에 잔고장이 적은 편이며 처음 기계 구입 비용이 전자동 에스프레소 머신에 비해서 저렴하다.	• 전자동이기 때문에 커피 및 에스프레소를 추출하기가 쉽고 편하다. • 어떤 사람이 추출하더라도 설정되어 있는 값에 의해 일정한 맛의 커피를 추출할 수 있다. • 설치 공간이 작으며 설치 방법 역시 간편하다.
단 점	• 머신을 다루는 사람이 장비를 이해해야 하며 다루는 기술 등 능력이 필요하다. • 머신을 설치할 때 공간이 많이 필요하다. • 추출하는 사람마다 맛에 차이가 있다.	• 커피 원두가 머신 내부에 있는 호퍼에 들어 있기 때문에 열에 의해서 커피 맛에 변화가 생길 수 있다. • 디지털 기술이기 때문에 잔고장이 많은 편이고 구입비용도 반자동 에스프레소 머신보다 높다. • 설정된 값에 의해 일정한 맛을 추출하기 때문에 원하는 대로 다양한 맛의 변화를 주기 어렵다.

02
에스프레소 머신의 구조 및 관리

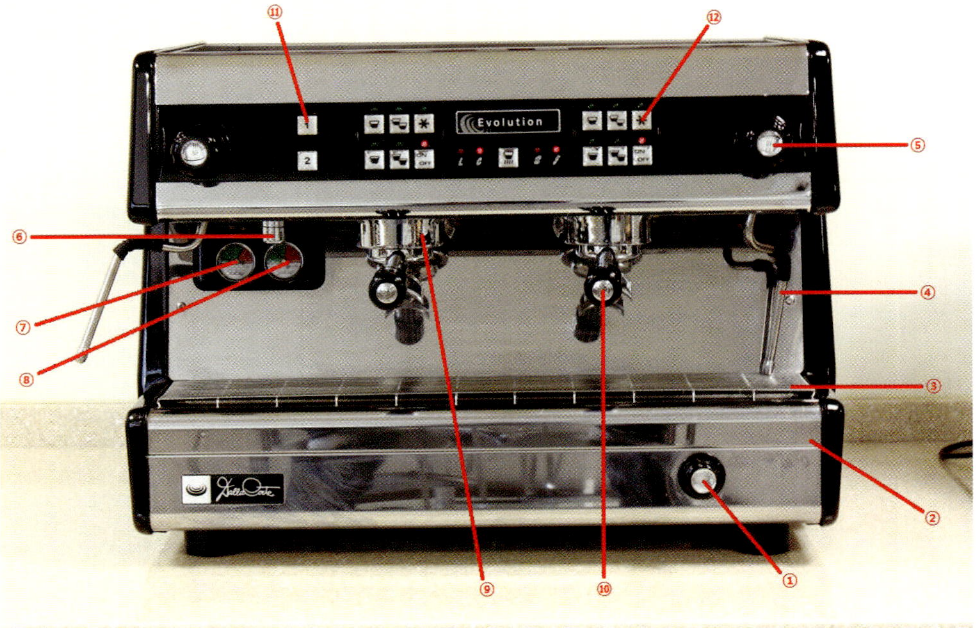

에스프레소 머신의 구조 및 명칭

① 전원 스위치 – 에스프레소 머신의 전원을 제어하는 스위치

② 드립 트레이(Drip Tray) – 떨어지는 물을 받아 배수로 흘려주는 받침대

③ 드립 트레이 그릴(Drip Tray Grill) – 컵을 놓을 수 있는 받침대

④ 스팀 노즐(Steam Nozzle) – 스팀을 사용할 수 있는 노즐

⑤ 스팀 밸브(Steam Valve) – 스팀을 열어주는 밸브

⑥ 온수 노즐(Hot Water Nozzle) – 온수가 나오는 추출구

⑦ 펌프 압력 게이지(Water Pressure Manometer) – 펌프의 압력을 표시해 주는 게이지

⑧ 보일러 압력 게이지(Boiler Pressure Manometer) – 보일러의 압력을 표시해 주는 게이지

⑨ 그룹 헤드(Group Head) – 물이 데워지고 추출하는 부분

⑩ 포터필터(Portafilter) – 추출용 포터필터

⑪ 온수 추출 버튼

⑫ 커피 추출 버튼

03 에스프레소 머신 사용 및 추출방법

에스프레소 추출과정 1

에스프레소 추출과정 2

에스프레소 추출과정 3

에스프레소 추출과정 4

에스프레소 추출과정 5

에스프레소 추출과정 6

에스프레소 추출과정 7

에스프레소 추출과정 8

에스프레소 추출과정 9

에스프레소 추출과정 10

에스프레소 추출과정 11

에스프레소 추출과정 12

에스프레소 추출과정 13

에스프레소 추출과정 14

1) 포터필터 분리하기 : 분쇄된 커피 가루를 담을 수 있는 포터필터를 머신과 분리하는 것이다. 장착이 되어 있을 때는 손잡이가 90° 로 되어 있는데 손잡이를 잡고 왼쪽으로 돌려주면 분리가 된다.

2) 물 흘려보내기 : 커피추출 버튼을 눌러서 물을 흘려보낸다. 샤워 홀더 내부 청소도 가능해지고 흐르는 물을 이용하여 포터필터 내부 청소도 가능하다.

3) 필터 바스켓 닦기 : 마른 행주를 이용하여 포토필터 내부에 있는 이물질과 물기를 깨끗이 닦아낸다.

4) 포터필터를 그라인더 거치대에 얹기 : 그라인더의 도저 아래에 보면 거치대가 있는데 포터필터를 거치대에 얹어서 분쇄된 원두를 담을 준비를 한다.

5) 그라인더를 작동시켜 분쇄된 원두 담기 : 그라인더를 작동시켜 원두를 미세하게 분쇄시킨다. 사전에 그라인더 입자조절이 되어 있어야 한다.

커피전문점 또는 매장에서는 미리 그라인더를 작동하여 원두를 분쇄해 놓는다. 그 이유는 우선 시간을 단축시키려는 이유가 있다. 그리고 다른 이유는 편하고 정확한 작업을 위해서다. 도저 손잡이를 한 번 당길 때마다 도저 칸막이가 한 칸씩 움직여서 분쇄된 원두가 내려오는데 그 한 칸에 담겨 있는 원두의 양이 6~7g이다(에스프레소 1잔 분량에 맞춰져 있다. 틀리다면 조절을 해야 한다). 미리 원두를 분쇄해 놓아서 도저 내부에 적당하게 담겨져 있으면 도저 칸막이 사이에 가득 담기게 되어 정확하게 한 번에 6~7g을 내릴 수 있기 때문이다(도저 칸막이에 빈틈없이 담겨 있어야 6~7g이다).

6) 1차 고르기(탬핑) : 포터필터 바스켓에 담겨 있는 원두를 고르게 다져 주는 과정이다. 여기서 중요한 건 다져진 표면이 수평을 이루게 하는 것이다(탬핑에 대해서는 이후에 더 알아보도록 하겠다).

7) 태핑하기 : 탬핑 후에 포터필터 내부 벽면에 묻어 있는 원두 가루들을 제거하는 과정이다.

8) 2차 고르기(탬핑) : 내부 벽면에 붙어 있는 원두 가루들이 떨어졌기 때문에 마지막으로 탬핑을 한 번 더 실시한다. 능숙도에 따라서 탬핑을 1번만 실시하는 경우도 있다.

9) 가장자리 털어내기 : 포터필터 맨 윗부분에 있는 분쇄된 원두를 손으로 가볍게 털어낸다.

10) 장착하기 : 분쇄된 원두가 들어 있는 포터필터를 에스프레소 머신에 장착한다. 오른손을 사용하여 45° 각도로 올린 다음에 왼손으로 오른쪽 방향으로 돌리면 장착이 된다. 어느 손을 사용해야 한다는 것은 정해져 있지는 않지만 오른손으로 장착을 하고 왼손으로 힘을 주는 것이 좋다. 자세도 안정적이고 손목에도 무리를 적게 주기 때문이다.

11) 추출하기 : 추출 버튼을 눌러서 내부에 있는 가열된 물을 흘려보내 추출을 시작한다.

12) 포터필터 분리하기 : 포터필터 손잡이를 잡고 머신으로부터 분리하고 내부에 들어 있는 추출 후의 원두 가루를 찌꺼기 통에 버린다.

13) 포터필터 청소 : 추출 후에는 그 잔여물질이 남아 있기 때문에 깨끗이 제거해 주어야 한다. 추출 버튼을 눌러 물을 흘러내려 포터필터를 씻는다. 이후 연속으로 추출할 경우에는 마른 행주로 물기를 닦아내고 다시 4)번 과정부터 시작한다. 추출을 더 이상 안할 시에는 포터필

터를 그룹 헤드에 장착 후 좌우로 2~3번 손잡이를 흔들어주고 분리해서 다시 포터필터를 흐르는 물에 씻어준다. 그룹헤드 내부에도 추출 후에 원두 가루가 남아 있기 때문이다.

14) 포터필터 장착 : 깨끗이 정리가 끝나면 포터필터를 다시 머신에 장착해 둔다.

이 과정을 통하여 에스프레소를 추출하며 모든 과정이 끝나면 에스프레소 머신 주위를 항상 청결하게 유지해 주어야 한다.

04 탬핑

탬핑이란 포터필터에 담겨져 있는 분쇄된 커피의 수평을 맞추는 행위를 말한다. 추출할 때 에스프레소 머신에 포터필터를 장착하기 전 마지막 단계로 탬핑에 따른 수평 여부에 따라 맛이 달라지기 때문에 주의해야 한다.

1) 탬퍼의 종류

스테인리스 탬퍼

나무손잡이 탬퍼

탬퍼의 종류는 그라인더에 부착되어 있는 탬퍼, 스테인리스 탬퍼, 알루미늄 탬퍼, 플라스틱 탬퍼 등이 있다. 그라인더에 부착되어 있는 탬퍼는 포터필터를 아래에서 위로 올리면서 탬핑을 하게 된다. 스테인리스 탬퍼는 그 자체에 무게가 있기 때문에 적은 힘으로도 탬핑이 가능하다. 알루미늄 탬퍼나 플라스틱 탬퍼인 경우는 스스로가 자기 탬핑하는 힘을 조절할 수 있는 장점이 있다. 이러한 여러 가지 탬퍼 중에서 자신에게 가장 잘 맞는 탬퍼를 선택하여 사용하면 된다.

탬퍼는 항상 청결을 유지해야 한다. 분쇄된 커피에 직접적으로 닿기 때문에 커피의 청결에 지장을 줄 수 있기 때문이다. 포터필터 역시 탬핑 시 추출구 부분이 바닥에 닿지 않도록 주의해야 한다.

2) 탬핑 방법

1차 탬핑은 살짝 다져주는 정도로 한다. 적당히 수평을 맞추어 주면서 분쇄된 커피가 포터필터에 빈틈없이 압착되게 한다.

이후 태핑을 시작한다. 태핑은 탬퍼 손잡이를 이용하여 포터필터 옆면을 살짝 두들겨 주는 것을 말한다. 1차 탬핑이 끝나고 포터필터 내부를 보면 벽면에 커피가루가 붙어 있는데 이것을 떨어뜨리기 위해 실시하는 것으로 적당한 힘으로 해야 한다. 너무 약하게 하면 커피가루가 떨어지지 않고 너무 강한 힘으로 하면 탬핑된 커피표면에 균열이 갈 수가 있기 때문이다. 요즘에는 상황에 따라서 태핑을 생략하는 경우가 많다.

잘못된 태핑 방법

잘못된 태핑 방법

강한 태핑으로 인한 결과

그 다음 2차 탬핑을 시작한다. 2차 탬핑은 자기 몸에 맞게 세게 누르는데 수평을 맞추는 것이 중요하다. 수평이 맞지 않고 기울어져 있으면 2컵 홀더일 경우 양쪽 추출구에서 같은 시간에 나오는 에스프레소의 양이 차이가 나게 되고, 서로 맛이 다르다. 1컵 홀더라도 잡맛이 강해지는데 기울기가 내려간 쪽이 과다 추출되기 때문이다.

사람마다 탬핑하는 방법이 약간 다른데 탬핑 시 탬퍼를 좌우로 돌려주는 경우가 있다. 이러한 이유는 같은 힘으로 좀 더 강하게 탬핑이 가능하기 때문이다. 하지만 너무 과도하게 돌려주면서 탬핑을 하면 커피 표면에 막이 형성되어 물 투과가 힘들어질 수 있으니 과도하게 돌리는 것은 피하도록 한다.

올바른 탬핑

올바른 태핑

05 머신의 청소

1) 그룹헤드 청소(매일)

BLIND 필터에 세척제를 티스푼 하나 분량을 넣고 포터필터를 장착한다.

① 커피추출 버튼을 눌러 약 3~5초간 물이 나오게 한 후 약 1분 정도 기다린다(2회 후 세척).

② 추출 버튼을 눌러 약 5초간 물이 나오게 한 후 약 10~20초 기다린다(약 10회).

③ 추출 버튼을 눌러 약 10초간 물이 나오게 한 후 약 10초 기다린다(약 10회 헹굼).

④ 추출 버튼을 누른 후 포터필터를 끼웠다 뺐다를 5~7회 반복한다(약 3~4회 헹굼).

거품이 없이 맑은 물이 나와야 하며, 커피를 한잔 추출해서 버린다. 포터필터(필터홀더) 또한 매주 분리하여 세제물에 담가둔 후 물로 청소한다.

2) 스팀노즐의 청소

스팀노즐의 끝을 매일 점검하고 청소하는데 매일 세척제를 푼 물컵에 노즐을 하루 저녁 담가두었다가 아침에 충분히 스팀을 빼주며, 노즐팁도 돌려서 빼낸 다음 청소한다. 24시간 매장은 한가한 새벽시간에 약 30분~1시간 담가둔 후 스팀을 충분히 빼주고 잘 닦아준다.

Chapter >> 07

그라인더

Chapter » 07

그라인더

01 분쇄(Grinding)

1) 정의

분쇄는 기구를 이용하여 원두를 잘게 나누어 추출 과정에서 맛과 향이 쉽게 나올 수 있도록 하는 공정이다. 분쇄된 커피는 분쇄되기 전에 비해 접촉하는 표면적이 넓어 물과 손쉽게 접촉할 수 있어 분쇄 전의 커피보다 좀 더 많은 성분을 추출할 수 있다.

2) 이유

그라인딩은 좋은 에스프레소를 위한 바리스타 테크닉의 기본요건이자 전제조건이다. 단순히 생각하면 그냥 원두를 분쇄하는 일이라서 쉽게 생각할 수 있지만 많은 커피 전문가와 바리스타들은 그라인딩이야말로 에스프레소의 시작이며 가장 중요한 과정이라고 말을 한다. 그라인딩에 따라서 커피 혹은 에스프레소의 맛과 향이 천차만별로 달라지기 때문이다. 아무리 전 세계에서 가장 실력이 좋은 바리스타라 하더라도 적절하게 분쇄되어 있지 않는 커피로 좋은 에스프레소를 추출하는 것은 거의 불가능하다. 그만큼 그라인딩은 에스프레소라는 결과물을 좌우하는 가장 중요한 단계라고 할 수 있다.

3) 중요성

그라인딩의 중요성은 위에서도 언급했듯이 에스프레소의 맛과 향을 결정하는 가장 중요한 단계이자 시작이다. 입자의 굵기에 따라서 추출 시간이 달라지고 그 추출로 인해 나온 에스프레소의 맛과 향이 천지 차이기 때문이다. 다시 이야기하겠지만 에스프레소의 조건 중에 일정한 시간이 정해져 있다. 이 시간은 오랜 시간 동안 지나오면서 좋은 에스프레소가 만들어진 조건을 표준화시킨 것으로, 조건 시간 안에 추출을 해야 좋은 에스프레소가 만들어지는데, 입자의 굵기가 바로 그 추출 시간을 결정하기 때문에 그라인딩은 매우 중요하다. 쉽게 생각해서 자갈밭과 모래밭을 비교하면 된다. 같은 양의 물을 주입한다는 조건하에 자갈밭과 모래밭에서 물이 빠져나오는 시간이 달라지듯이 커피의 입자에 따라서 추출 시간이 달라지고 그에 따라 에스프레소의 맛과 향이 크게 좌우되기 때문이다.

단적인 예를 들면 같은 종류와 양의 커피를 같은 양의 물과 압력으로 같은 양을 추출한다고 하자. 입자의 크기에 따라서 맛이 어떻게 변할까? 입자가 크면 그만큼 추출되는 시간이 빠르다(자갈밭을 생각하자). 추출시간이 빨라지면 신맛이 아주 강해지고 향기가 약하다. 반대로 입자가 작으면 추출시간이 길어진다(모래밭을 생각하자). 추출시간이 길어지면 쓰고 떫은맛이 강해지고 향기가 거의 없다. 단지 그라인딩에서 차이가 조금 있었을 뿐인데 그 결과물은 맛과 향이 완전히 달라진다.

02 그라인더의 구조

① **호퍼** 원두가 담기는 통

② **원두 투입 레버** 호퍼에서 그라인더로 원두를 투입시키는 레버

③ **분쇄입자 조절 레버** 그라인더를 조절하여 원두의 입자를 조절하는 레버

④ **원두 투입량 조절 레버** 원두의 양을 조절할 수 있는 레버

⑤ **도저** 분쇄된 원두가 담기는 통

⑥ **도저 레버** 도저 안에 들어 있는 분쇄된 원두를 배출시키는 레버

⑦ **전원 스위치** 그라인더의 전원을 조절하는 스위치

03 그라인더의 입자 조절

그라인딩은 에스프레소 추출에 있어 매우 중요한 부분이다. 그렇기 때문에 그라인더는 바리스타라면 꼭 이해하고 넘어가야 하는 부분이다. 그라인더를 어떻게 조절하느냐에 따라서 에스프레소의 질이 달라진다. 에스프레소의 맛은 그라인더에서 가장 많이 좌우한다는 말처럼 얼마나 그라인딩이 중요하다는 것을 말해주고 있다.

에스프레소용 원두는 날씨, 온도에 따라 맛과 향, 산화 정도 등 여러 가지 면에서 변화가 심하다. 그렇기 때문에 원두를 그라인더에 공급을 할 때마다(동일 회사 제품일지라도 원두의 상태가 다를 수 있다) 그라인더를 체크해주는 것이 좋다.

그라인더는 조건들을 한 번 정해 놓으면 그 모든 것들이 변하지 않고 계속 그 상태로 유지할 수 있다. 하지만 그라인더는 변하지 않더라도 그 안에 들어가게 되는 원두가 변하기 때문에 바리스타가 그에 따라서 적절하게 조절을 해야만 최상의 에스프레소를 추출할 수 있다.

그라인딩은 바리스타가 할 수 있는 에스프레소 및 커피 제조 과정 중 그 맛을 결정하는 시작이자 갈림길이자 바리스타의 능력이 평가되는 가장 기초적인 부분일 수도 있다. 그렇기 때문에 정해진 공식에서 벗어나지 못하는 기계처럼 만들어내는 것이 아니라 원두 및 커피를 잘 이해하고 그에 따른 환경 및 특성에 따라 능숙하게 만들어낼 수 있어야 한다.

■ 그라인더 입자 조절 순서

그라인더 입자 조절 순서 1

그라인더 입자 조절 순서 2

그라인더 입자 조절 순서 3

그라인더 입자 조절 순서 4

그라인더 입자 조절 순서 5

그라인더 입자 조절 순서 6

그라인더 입자 조절 순서 7

준 비 물 그라인더, 타이머(시간을 측정할 수 있는 장비), 저울, 에스프레소 머신

1) 2인용 포터필터를 저울 위에 얹어서 0점을 맞춘다. 1인용 포터필터도 가능하지만 2인용이 좋다. 또는 포터필터가 아니라 분쇄된 원두를 담을 수 있는 종이컵이나 용기도 무관하다.
2) 그라인더 원 상태 그대로 2잔 분량의 원두를 그라인딩한다.
3) 포터필터(종이컵 또는 다른 용기)에 분쇄된 원두를 담아서 저울에 얹어 무게를 잰다(14~15g).
4) 탬핑을 한 후에 추출한다.
5) 20~30초에 20~30ml 정도의 에스프레소를 추출한다. 입자가 굵거나 가늘다면 추출시간이 길거나 짧아진다.
6) 추출시간이 빠르다는 것은 입자가 굵다는 뜻이고 추출시간이 느리다는 것은 입자가 가늘다는 뜻이다. 추출시간에 따라 분쇄입자 조절레버를 이용하여 입자를 조절한다.

※ 분쇄입자 조절 레버는 그라인더 회사마다 다르다. 그라인더에 표시되어 있는 표를 보고 입자를 조절하도록 한다.

7) 조절 후에 그라인더를 작동시켜서 2잔 분량의 원두를 그라인딩하여 버린다. 호퍼에서 도저 사이 공간에 기존의 그라인딩한 커피가 들어 있기 때문에 이것을 버려야 정확한 입자 조절이 가능하다.
8) 2)번부터 6)번까지 과정을 반복을 한다.
9) 반복과정을 통해서 알맞은 추출 시간이 나오면 그 상태로 다시 한 번 추출한 후 재확인하여 사용한다.

04 그라인더 청소

커피는 식품이다. 식품에서 청결이란 것은 기본이며 수없이 강조해도 부족함이 없다. 로스팅 후의 커피는 많은 기름을 함유하고 있고 그라인딩을 할 때 이 기름들과 미세하게 분쇄된 커피가 그라인더 내부 곳곳에 부착된다.

이 부분들을 청소해주지 않으면 시각적으로도 좋지 않고 이러한 성분들 때문에 커피 맛이 떨어지게 된다. 그렇기 때문에 그라인더는 주기적으로 청소를 해 주어야 한다.

1) 호퍼 청소 방법

호퍼는 로스팅된 커피가 담겨 있기 때문에 청소를 해주지 않으면 많은 커피 기름이 호퍼에 남아 있게 된다. 호퍼는 매일 청소하는 것이 좋으며, 최소한 1주일에 1회 이상은 청소를 해 주어야 한다.

1 호퍼를 분리한다.

2 세제를 이용하여 청소를 한다.

3 흐르는 물에 깨끗이 헹군다.

4 건조시킨다.

2) 도저 청소 방법

도저는 분쇄된 커피가 담기는 부분이며 미세한 커피 입자들이 곳곳에 부착되어 커피의 품질에 영향을 줄 수 있다. 도저 칸막이는 일반적으로 한 칸에 6~7g 정도의 분쇄된 커피가 담긴다. 그래서 바리스타들은 도저 손잡이를 한 번 당기면 1잔 분량의 커피를, 2번 당기게 되면 2잔 분량의 커피를 추출할 수 있다.

하지만 청소를 하지 않아서 도저 칸막이 사이에 커피 입자들이 부착되고 쌓이게 되면 기존보다 적은 양의 커피가 포터필터에 담기게 된다. 또한 부착되어 있던 오래된 커피입자들이 섞여서 나오기 때문에 커피의 품질이 떨어진다.

도저 케이스는 커피의 맛에 영향을 미치기도 하지만 시각적으로도 지저분해 보이기 때문에 주기적으로 청소를 해야 한다. 도저 역시 매일 청소를 해주는 것이 좋으며, 최소한 1주일에 1번 이상은 청소를 한다.

분리하지 않고 청소를 할 때는 그라인더 옆에 부착되어 있는 솔을 이용하여 청소를 해준다. 특히 도저 칸막이는 커피 입자가 많이 묻어 있으므로 깨끗이 솔로 털어서 청소를 해 준다. 도저 케이스는 마른 행주를 이용하여 닦아 준다.

■분리하여 청소하는 방법

좀 더 깨끗이 청소하고 싶으면 도저를 분리하여 세제 및 물을 이용하여 깨끗이 청소해주고 건조 후에 다시 조립하여 사용한다.

Memo

Chapter >> 08

그 밖의 요소들

Take it without sugar - very swank ; gives the impression you have lived in the East. -

- Gustave Flaubert -

설탕 없이 이것을 마셔봐요 - 매우 으스대는 기분일 거예요 ; 당신이 동쪽에 사는 동안 받은 감동 중에서

귀스타브 플로베르

Chapter » 08

그 밖의 요소들

01 물

에스프레소는 대부분이 물로 이루어져 있기 때문에 좋은 물을 사용해야만 좋은 에스프레소를 추출할 수 있다. 물은 크게 경수와 연수로 나눠지는데 물 안에 칼슘 및 마그네슘 등 미네랄을 많이 포함하고 있는 물을 경수라고 하고 적은 물을 연수라고 한다.

커피추출에 좋은 물은 적당한 미네랄이 포함되어 있는 연수이다. 경수를 사용하게 되면 기계 내부에 여러 물질이 흡착되어 잔고장의 원인이 될 수 있다. 또한 커피의 맛이 쓰고 떫어질 수 있기 때문에 광물질이 많이 포함된 지하수를 사용할 때에는 반드시 연수기를 설치해서 사용해야 한다. 보통 우리가 사용하는 수돗물은 연수에 해당하므로 따로 연수기를 설치하지 않아도 되지만, 건물의 수도 시설이 노후되었거나 오래되었을 때는 연수기를 설치하는 것이 좋다. 또한 운영자가 좀 더 완벽하게 커피를 제조하고 싶다면 연수기를 설치할 것을 권장한다.

연수기

연수기뿐만 아니라 정수기 역시 물의 품질을 결정하는데 중요한 요소이다. 정수기는 물속에 있는 여러 이물질을 제거해 주기 때문에 좋은 품질의 물을 에스프레소 머신에 공급할 수 있다. 정수기를 설치하여 물을 공급하기도 하지만 대부분 정수 필터를 이용한다.

02 우유

우유 및 우유거품은 에스프레소를 이용하여 만드는 커피음료인 카페라떼, 카푸치노 등 여러 음료를 제조할 때 사용되는 중요한 요소라고 할 수 있다. 단순하게 스팀피처를 이용하여 우유를 데워주는 것이 아니라 스팀을 이용하여 우유 거품을 곱게 만들어서 우유와 혼합을 시키는데 잘 혼합된 우유를 벨벳밀크(Velvet Milk) 라고 한다.

벨벳밀크란 말 그대로 벨벳과 같은 미세한 우유거품을 포함한 스팀밀크를 말한다. 보통 사용되는 우유는 저지방 우유나 무지방 우유보다 일반적인 우유가 거품을 내기에 좋다.

스팀을 분사시키는 장치를 스팀 파이프 또는 스팀 노즐이라고 하며 끝에는 스팀 노즐 팁이 있다. 스팀 노즐은 내부에서 스팀이 팁으로 나가는 통로 역할과 스티밍할 때 우유의 온도를 올리는 역할을 하며, 스팀 노즐 팁은 구멍이 뚫려 있어서 직접 스팀을 분사해서 거품을 만드는 역할을 한다.

우유는 크게 지방, 단백질, 당분으로 구성되어 있는데, 이 중 벨벳밀크와 관련된 성분은 지방과 단백질이다. 우유 스티밍 시 스팀 노즐에서 스팀이 분사가 되면 주위의 공기가 스팀의 압력으로 인해 스팀을 따라 우유 안으로 들어가게 된다.

이때 지방이 이 공기들을 잡고 있는데 지방의 특성상 공기들을 오래 잡아두지 못한다. 그래서 단백질이 온도에 의해서 녹으면서 지방과 공기를 같이 묶어두게 되면서 거품이 생성되어 벨벳밀크를 만들게 된다.

스티밍할 때는 스테인리스 재질로 된 피처를 사용하는 것이 좋다. 열전도율이 좋기 때문에 우유의 온도가 올라가는 속도를 늦춰주기 때문이다. 그리고 피처는 항상 차가운 상태로 유지해야 좋은 품질의 거품을 얻을 수 있다.

벨벳밀크를 만드는 스티밍은 바리스타들이 가장 어려워하는 부분이다. 하지만 원리를 잘 이해하고 연습한다면 쉽게 할 수 있을 것이다.

우유 스티밍 과정 1

우유 스티밍 과정 2

우유 스티밍 과정 3

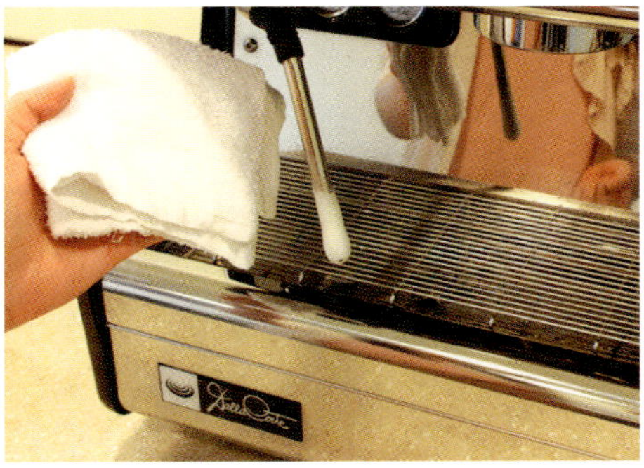

우유 스티밍 과정 4

우유 스티밍 과정 5

1) 스팀 밸브 열기

한동안 사용하지 않은 스팀 노즐은 외부에 노출되어 있기 때문에 내부의 수증기가 식어서 팁 부분에 물이 고이게 된다. 그 상태로 바로 스티밍을 시작하면 우유 안에 물이 들어가게 되어 싱거워지며 우유의 품질을 떨어뜨리게 된다. 그렇기 때문에 사용 전에는 밸브를 열어서 내부에 있는 스팀을 분사시킨 후 사용한다.

2) 피처에 우유 담기

피처의 30~40% 정도 용량만큼 우유를 담아준다. 이때 우유는 6~9℃ 정도의 온도가 좋다. 차갑지 않은 우유는 스티밍 시 우유의 온도가 너무 빨리 올라가기 때문에 차가운 우유가 좋다.

3) 스팀 분사

스팀 노즐 팁을 피처 안의 우유에 넣어서 스팀을 분사하기 시작한다. 이 과정이 스티밍 과정 중 가장 중요한 부분이다. 팁을 우유의 어느 부위까지 넣어서 스팀을 분사하느냐에 따라서 우유의 품질이 달라지기 때문이다.

팁을 너무 깊게 담그면 거품이 잘 생성되지 않는다. 위의 원리에서 설명했듯이 우유 거품은 공기가 유입되어서 생성되는 것이다. 하지만 팁을 너무 깊게 넣게 되면 분사되는 스팀을 따라서 유입될 수 있는 공기가 없기 때문에 거품이 거의 생성되지 않고 고운 거품을 기대할 수가 없다. 게

다가 우유와 스팀 노즐의 접촉 면적이 많기 때문에 거품은 생성되지 않은 상태에서 우유의 온도가 빠르게 올라가게 된다.

반대로 팁을 표면 위에 위치해서 스팀을 분사하게 되면 우유 표면에 있는 부분만 공기가 유입되고 안쪽에는 공기가 골고루 미치지 못하게 된다. 그리고 스팀의 압력으로 인해 우유가 밖으로 튈 수가 있다.

제일 좋은 방법은 스팀 노즐 팁의 절반만 우유 표면 중앙에 담가 주는 것이다. 거품을 생성할 때는 항상 팁이 육안으로 확인할 수 있을 정도로 유지하는 것이 좋다. 스팀이 우유 내부를 골고루 돌아가기 때문에 공기가 골고루 유입되어서 좋은 거품을 낼 수가 있다.

1 우유를 피처(Picher)에 부어서 스팀 노즐을 용기의 중앙에 담근다.

2 스팀 노즐을 담근 다음 노즐 밸브를 한 번에 열어준다.

❸ 스팀 피처를 아래로 서서히 내리면서 우유 표면에 공기를 유입시켜 40℃까지 거품을 낸다.

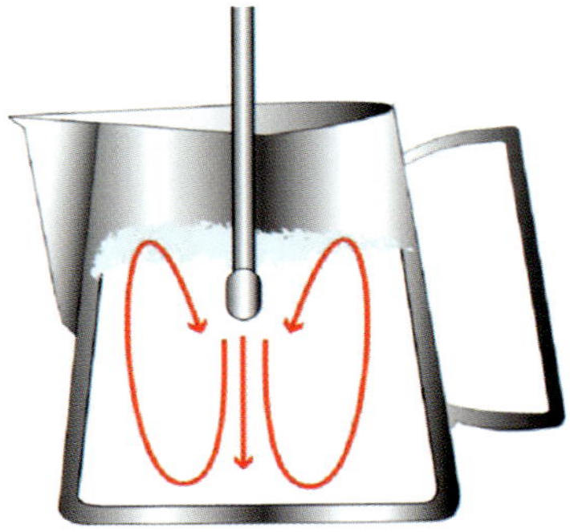

❹ 온도가 40℃가 넘으면 노즐 끝 부분을 우유에 담가 큰 회전이 일어나게 한다. 완성된 스팀 밀크의 온도는 65~70℃ 정도가 좋다.

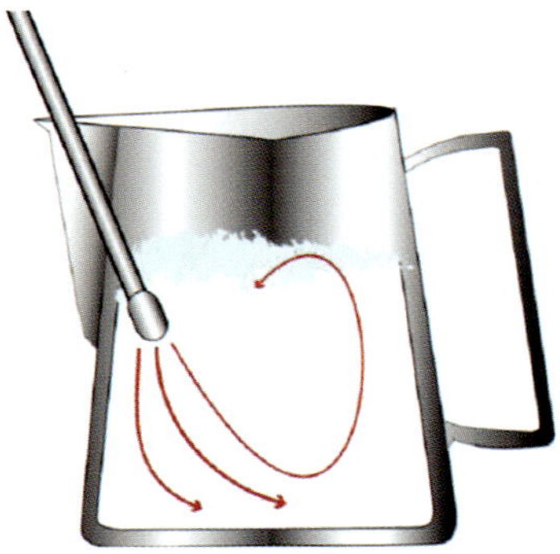

❺ 위에 생긴 거품층과 아래 우유층이 잘 혼합되지 않을 때 노즐의 각도를 살짝 틀어주면 큰 회전력을 얻을 수 있다

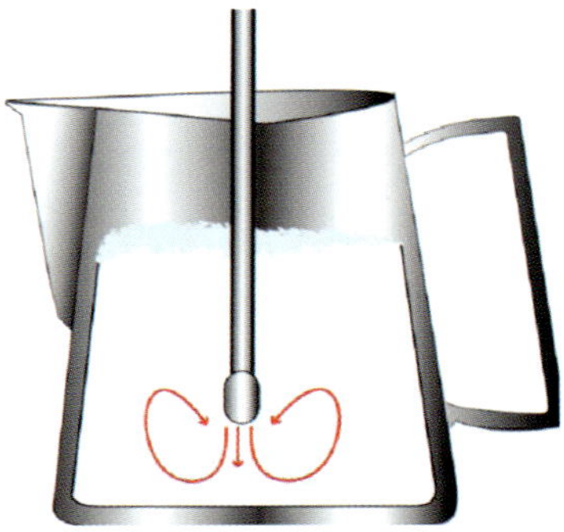

❻ 노즐의 깊이는 최소 깊이로 하여 아래 쪽 우유가 끓지 않도록 주의한다.

[우유 스팀의 방법]

스팀을 분사하기 시작하면 거품이 생성되면서 부피가 늘어난다. 부피가 늘어가게 되면 우유가 상승하게 되고 그렇게 되면 팁이 상대적으로 우유 안으로 들어가게 된다. 그러므로 우유가 상승하게 되면 피처를 아래로 조금씩 내리면서 팁이 적당한 위치를 유지할 수 있도록 해 주어야 한다(거품 생성 동안은 팁이 육안으로 확인될 정도로 계속 유지하면 적당한 위치라고 할 수 있다). 거품이 계속 생성되면서 우유의 온도도 올라가게 되는데 37~40℃까지 거품을 생성하게 되면 전체적으로 피처의 60~70% 정도 부피가 팽창하게 된다. 거품은 37~40℃ 전까지만 내야 좋은 거품을 생성할 수 있다.

거품이 다 생성되면 그때부터는 혼합을 해주고 우유의 온도를 높여주어야 한다. 거품 생성까지 피처를 조금씩 아래로 내리면서 팁이 눈에 보일 정도로 유지를 하다가 거품 생성이 완료되면(37~40℃) 더 이상 피처를 내리지 않고 그 상태를 유지한다. 그러면 팁이 우유 안으로 들어간 상태가 되어 더 이상의 거품 생성이 힘들어진다. 그 상태를 유지하게 되면 스팀 압력의 대류를 통해서 우유 및 표면에 있는 거품들이 혼합된다.

주의할 점은 너무 깊숙이 팁이 들어가 있으면 표면의 거품을 스팀이 끌고 들어갈 수가 없어서 혼합이 잘 이루어지지 않는다. 따라서 팁의 위치는 마찰소리가 들리지 않을 정도로 넣어 주어야 큰 회전을 이루면서 혼합이 잘 이루어진다.

그리고 스팀 노즐이 우유와 많이 접촉해 있어야 우유의 온도를 높일 수가 있다(스팀 노즐이 우유의 온도를 높여주는 역할을 한다). 이런 식으로 혼합이 완전히 이루어지면 우유의 양이 피처의 80~90% 정도가 되고 온도 역시 60℃ 정도가 된다.

우유라는 것은 지방과 단백질이 많이 포함된 유제품으로 온도에 의해 변질이 되기 쉬운 제품이다. 75~80℃ 이상의 온도가 되면 지방이 응고가 되기 시작하고 단백질의 변성으로 인해 맛과 향이 불쾌해진다. 그러므로 스티밍 시에는 온도가 그 이상을 넘지 않도록 신경을 써야 한다. 그래서 보통 60℃ 정도에 스티밍을 멈추고 빠른 동작으로 스팀 밸브를 돌려서 잠근 다음에 피처를 빼도록 한다.

4) 스팀 노즐 청소

스티밍이 완료되면 스팀 노즐을 청소한다. 우유가 팁과 노즐에 묻어 있는 상태로 놔두게 되면 팁 내부에 남아 있는 우유가 열에 의해 눌러 붙게 되고 표면 역시 눌러 붙어서 비위생적이기 때문에 바로바로 청소를 해 주어야 한다.

그래서 완료 후에 드립 트레이에 스팀 노즐을 위치시키고 처음에 스팀을 분사했던 것처럼 스팀을 분사한다. 그 후에 행주를 이용하여 노즐을 위에서부터 쓰다듬으면서 감싸 쥐듯이 닦아 내려오도록 한다.

5) 잔여 거품 없애기

모든 것이 완료된 후에 피처 안을 보면 우유 표면 위에 거품이 있는 것을 볼 수가 있다. 크고 작은 거품들이 표면 위에 떠 있는데 이것을 없애 주어야 한다.

피처를 약간 기울여서 든 상태로 바닥을 향해 탕탕 소리가 나도록 내려친다. 그렇게 되면 큰 거품들이 깨지면서 전체적으로 거품들이 고와지게 된다. 그 후에 거품이 잘 섞이도록 피처를 수평으로 바닥에 내려놓고 크게 회전시킨다.

동작을 크게 하여 회오리가 크게 생기도록 하는데 넘치지는 말아야 한다. 이런 과정을 통하여 우유는 기포가 없어지고 고우며 응집력도 강해져서 사용하기 아주 좋은 상태의 우유가 된다.

03 기타 재료

1) 휘핑(Whipping)

휘핑이란 커피 위에 생크림이나 아이스크림 등을 올려주는 과정을 일컫는다. 보통 카페나 커피전문점에서는 휘핑기를 이용하며, 휘핑기 및 휘핑크림은 부재료를 유통하는 회사를 통해 쉽게 구입할 수 있다.

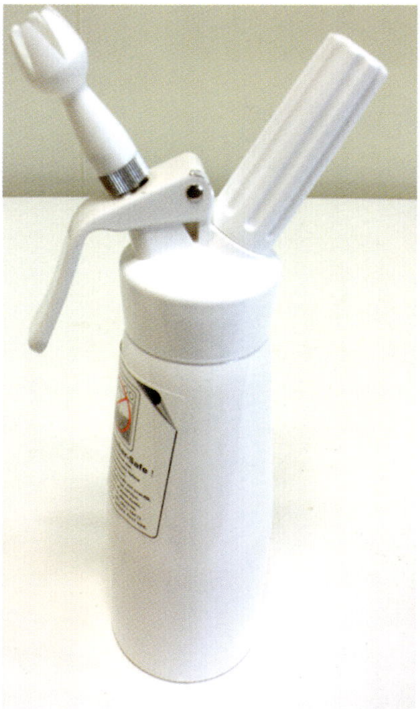

휘핑기

카페모카, 에스프레소 콘파나 등 에스프레소를 이용한 커피 음료를 만들 때 사용하며 휘핑기를 어떻게 사용하느냐에 따라 모양을 예쁘게 만들 수 있다. 휘핑을 하는 이유는 맛을 내기 위해 하는 것도 있지만 시각적으로 즐거움을 주기 위해 실시하기도 한다.

2) 파우더(Powder)

파우더란 미세한 가루를 뜻하며 커피에서는 응용 음료를 만들 때 여러 맛을 낼 수 있게 혼합해 주는 가루를 파우더라고 한다. 파우더가 담겨 있는 용기나 통은 물이 들어가지 않게 보관을 하고, 사용 시에도 물기 없는 상태로 사용하여야 한다.

3) 시럽과 소스

시럽 및 소스 역시 다양한 커피 응용 음료를 만들기 위해서 첨가해주는 부재료이며 대부분은 수입을 해서 쓰고 있다. 시럽은 액체 상태이며 보통 10ml짜리 펌프를 이용하여 원하는 양만큼 추출하여 사용하고, 소스는 시럽보다 점도가 강하고 진하며 보통 30ml짜리 펌프를 이용하여 추출한다.

04 그 밖의 장비들

1) 블렌더(Blender)

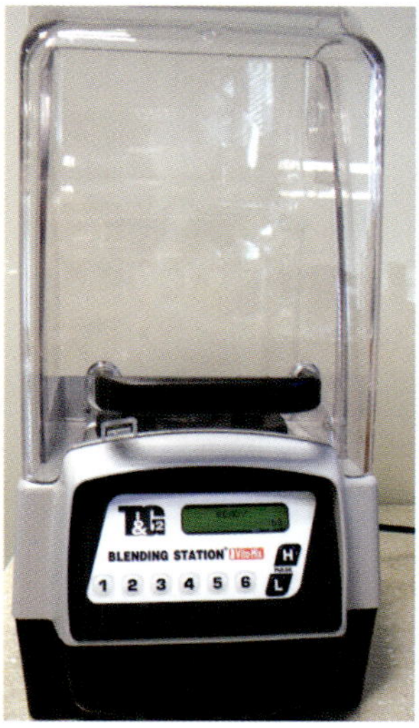

블렌더는 스무디 같은 차가운 음료를 만들 때 사용한다. 믹서기라고 생각하면 이해하기 쉽다. 아이스 음료는 얼음을 그대로 넣어서 만들지만 스무디 같은 음료는 얼음 덩어리를 사용할 수 없기 때문에 블렌더를 이용하여 얼음을 잘게 분쇄하여 음료를 제조한다. 과학의 발전으로 디지털 방식의 블렌더를 많이 사용하며 미리 조건을 입력해 놓은 상태로 얼음을 넣고 버튼을 누르면 얼음이 잘게 분쇄된다.

블렌더는 강한 힘으로 모터를 돌리기 때문에 입구 부분을 꽉 밀봉하지 않으면 안에 있는 내용물들이 밖으로 나올 수 있으니 조심하여야 한다.

2) 제빙기

얼음을 만들어주는 장비다. 사람들이 여름철에는 아이스음료 및 차가운 음료를 많이 찾기 때문에 항시 얼음이 준비되어 있어야 한다. 제빙기는 전기를 이용하여 식용 얼음을 만들 수 있는 장비로서 매장의 크기에 따라 용량을 잘 계산해서 준비해야 한다.

냉각 방식에 따라서 공냉식과 수냉식이 있다. 공냉식은 기계에서 발생되는 공기로서 물을 냉각시켜 얼음을 만드는 방식이고 대부분 넓고 환기가 잘되는 장소에서 유용하게 사용할 수 있다.

수냉식은 물을 이용하여 열을 억제해서 얼음을 만드는 방식으로 좁은 공간이나 외부와 온도 차이가 심한 곳에서 유용하게 사용하며 설치 또한 간편하다. 하지만 물을 이용하기 때문에 수도세가 추가된다는 것과 수도시설에 문제가 생기게 되면 냉각을 할 수 없기 때문에 수시로 급수시설을 점검해 주어야 한다.

3) 탄산수 제조기

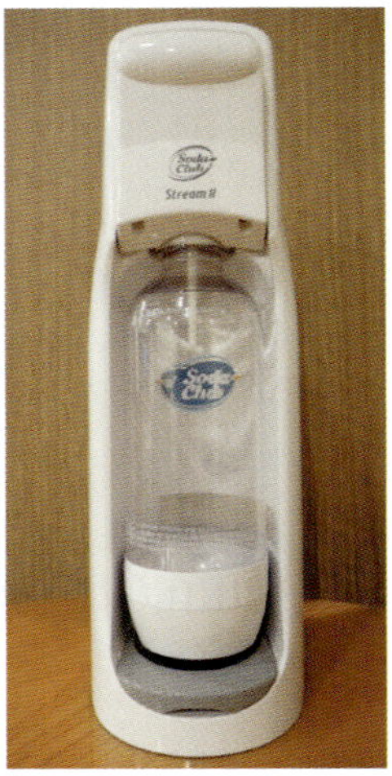

커피음료가 아니라 소다 종류의 음료를 만들 때 사용하는 장비로서 깨끗한 물을 이용하여 탄산수를 만들 수 있다. 전기가 필요 없는 장비로서 본체에 가스통을 장치시키고 병에 정수기 물을 담은 후에 기계에 장착시킨다. 그 다음 버튼을 한 번만 눌러 주기만 하면 가스가 유입되면서 정수기 물에 탄산이 녹아 들어가게 된다.

개인 취향에 따라 탄산의 양을 조절할 수 있으며 탄산수 제조가 끝난 뒤에 시럽을 넣어서 원하는 소다 또는 탄산수를 만들 수 있다. 매장에서도 많이 쓰지만 개인 가정집에서도 구입하여 사용하는 사람들도 다수 있다.

Chapter >> 09

커피 메인 메뉴

Chapter » 09

커피 메인 메뉴

01 에스프레소

이탈리아의 정통 커피이며, 다른 커피음료의 가장 기본이라고 할 수 있다. 에스프레소 머신을 이용하여 압력을 줘서 빠르게 추출을 하기 때문에 쓴맛과 부드러운 신맛, 단맛 그리고 풍부한 향을 느낄 수 있다.

에스프레소는 데미타세라는 에스프레소용 잔을 사용하는데 양이 적기 때문에 적당한 두께에 항상 따뜻하게 유지된 상태의 잔을 사용한다. 보통 설탕과 같이 서빙하며 설탕 대신 작은 초콜릿 또는 레몬을 곁들여서 마시기도 한다. 그냥 마셔도 되지만 어떤 것과 같이 마시느냐는 개인 취향이다.

에스프레소에 우유거품을 올려 부드럽게 마시는 음료를 에스프레소 마끼아또, 에스프레소에 휘핑크림을 올려 달콤하게 즐기는 메뉴는 에스프레소 꼰파냐라고 하며, 항상 데미타세잔에 서비스한다.

에스프레소 제조과정 1

에스프레소 제조과정 2

(1) 그라인딩된 커피 6~8g을 탬핑하여 에스프레소 머신에 장착한다.

(2) 약 25초의 시간 동안 30ml를 추출하며 설탕과 함께 서빙한다.

02 아메리카노

에스프레소에 뜨거운 물을 첨가하여 농도를 연하게 하여 마시는 메뉴로 커피전문점 대표메뉴이자 우리나라 사람들이 가장 선호하는 음료이다.

아메리카노 제조과정 1

아메리카노 제조과정 2

(1) 에스프레소를 추출한다.

(2) 머그잔에 에스프레소를 넣고 뜨거운 물을 넣어서 희석시킨다. 희석 정도는 개인의 취향에 맞게 조절한다.

■ 아이스 아메리카노

추출한 에스프레소를 물과 얼음으로 차갑게 하여 마시는 아메리카노 커피로 커피 고유의 향과 맛을 그대로 느낄 수 있는 음료이다. 차가운 물을 사용하기 때문에 설탕을 같이 제공하기보다는 잘 녹을 수 있는 설탕 시럽을 같이 서빙한다.

아이스 아메리카노 제조과정 1

아이스 아메리카노 제조과정 2

아이스 아메리카노 제조과정 3

아이스 아메리카노 제조과정 4

(1) 에스프레소를 추출한다.

(2) 잔에 얼음을 가득 채운다.

(3) 정수된 깨끗한 차가운 물을 넣어준다.

(4) 에스프레소를 넣어준다. 에스프레소를 넣을 때는 얼음 위에 뿌려주도록 한다. 음료 잔이 크면 2샷(60ml)을 넣어 조절을 한다.

03 카페라떼

Caffé(에스프레소)와 Latte(우유)의 합성어로 에스프레소에 우유를 더한 음료라고 생각하면 된다. 프랑스에서는 카페오레라고 부르기도 한다. 1:3 또는 1:4의 비율 정도로 섞는데 취향에 따라 조절할 수 있다.

카페라떼 제조과정 1

카페라떼 제조과정 2

카페라떼 제조과정 3

카페라떼 제조과정 4

(1) 에스프레소를 추출한다.

(2) 우유를 피처에 담아서 스티밍한다.

(3) 잔에 에스프레소를 먼저 넣은 뒤 따듯한 우유를 잔의 80% 정도 되도록 부어준다.

■ 아이스 카페라떼

진한 에스프레소와 신선하고 고소한 우유가 함께 어우러져 부드럽고 시원한 맛이 일품인 아이스 카페라떼는 때때로 바닐라 시럽이나 설탕 시럽을 넣기도 하지만 우유의 고소한 맛 때문에 대부분 첨가하지 않고 서비스한다. 우유는 반드시 냉장 상태로 신선하게 보관을 해야 한다. 특히 아이스 음료는 여름철에 많이 찾는데 우유는 부패가 쉽기 때문에 보관을 잘해 주어야 한다.

아이스 아메리카노와 함께 인기 있는 여름철 주 메뉴로 우유가 풍부하게 들어 있기 때문에 여름철에 잃어버리기 쉬운 입맛을 다시 찾아 주기도 한다.

아이스 카페라떼 제조과정 1

아이스 카페라떼 제조과정 2

아이스 카페라떼 제조과정 3

4 아이스 카페라떼 제조과정

(1) 에스프레소를 추출한다.

(2) 투명한 잔에 얼음을 충분히 넣어준다.

(3) 차가운 상태의 신선한 우유를 70% 정도 부어준다.

(4) 추출한 에스프레소를 얼음 위에 부어준다(아이스 음료는 큰 투명 잔을 많이 사용한다. 상황에 따라서 에스프레소를 2샷(60ml) 넣어준다).

04
카푸치노

카페라떼처럼 우유를 첨가해주지만 우유 거품을 맨 위에 얹어 에스프레소의 진한 맛과 우유의 부드러움을 즐길 수 있는 메뉴이다. 카푸치노는 우유거품을 강조한 음료로써 잔 위까지 풍부하게 거품이 올라와 있는 것이 좋다. 잔은 보통 150~180ml 용량의 잔을 사용하는데 그 이유는 에스프레소 30ml와 우유를 가득 넣어 주었을 때 가장 눈과 입이 즐거운 양이 그 정도이기 때문이다.

카푸치노의 또 다른 매력은 바로 라떼아트다. 우유를 이용한 예술이라고 할 수 있는데 카푸치노를 만들 때 표면에 다양한 무늬를 넣는 것으로, 바리스타의 노력과 실력에 따라서 하트, 나뭇잎, 튤립, 곰 등 다양한 무늬를 선보일 수 있으며 그 잔을 받아든 고객은 색다를 즐거움을 느낄 수 있다.

카푸치노 제조과정 1

카푸치노 제조과정 2

카푸치노 제조과정 3

카푸치노 제조과정 4

(1) 에스프레소를 추출한다. 샷 글라스 또는 카푸치노 잔에 직접 받는다.

(2) 우유를 스티밍한다. 카푸치노는 우유 및 우유거품이 중요하니 신중하게 스티밍해야 한다.

(3) 처음에는 우유만 카푸치노 잔에 따른다. 그 다음 우유거품을 스푼으로 떠내어 카푸치노 표면 위 중앙에 얹어 준다. 물을 떨어뜨린다는 생각으로 내려 주면 된다. 표면 위에 살짝 넘칠 듯 말듯 풍성하게 거품을 올려 준다.

(4) 기호에 맞게 우유거품 위에 시나몬 가루나 초콜릿 가루 등을 뿌려 주기도 한다.

05 카페모카

모카라는 단어는 예전에 예멘에서 커피를 수출하던 주요 항구이름이었으며 초콜릿이라는 의미도 지니고 있다. 에스프레소와 초콜릿이 더해졌기 때문에 단맛이 나며 사람에 따라서 휘핑크림을 얹고 그 위에 초콜릿 가루나 시럽, 땅콩이나 아몬드를 같이 곁들여서 마시기도 한다.

초콜릿 성분을 조절하여 단맛을 조절할 수 있으며 단맛이 많이 나는 음료라서 많은 사람들에게 인기가 좋은 음료이다.

카페모카 제조과정 1

카페모카 제조과정 2

카페모카 제조과정 3

카페모카 제조과정 4

카페모카 제조과정 5

(1) 초콜릿 소스 30ml를 잔에 담는다(머그잔 기준). 시럽은 펌프를 이용하여 담는데 보통 1펌프에 30ml가 나오기 때문에 한 번만 펌프를 하여 사용한다.
(2) 에스프레소를 추출한다. 잔에 직접 추출하거나 샷 글라스를 이용한다.
(3) 초콜릿 소스와 에스프레소가 잘 섞이도록 저어준다.
(4) 우유를 스티밍한다.
(5) 따뜻한 우유를 머그잔 안에 부어준다. 이후에 취향에 따라 휘핑크림을 얹고 데코레이션 후에 마신다.

06 캐러멜 마끼아또

캐러멜 마끼아또는 우리나라에서 소비가 많은 음료로 풍부한 우유와 캐러멜 맛이 잘 조화되어 있으며, 젊은 세대에게 인기가 좋다. 최근에는 중장년층에서도 많은 인기를 누리고 있고 만드는 방법도 비교적 간편한 편이다.

캐러멜 마끼아또 제조과정 1

캐러멜 마끼아또 제조과정 2

캐러멜 마끼아또 제조과정 3

캐러멜 마끼아또 제조과정 4

캐러멜 마끼아또 제조과정 5

캐러멜 마끼아또 제조과정 6

캐러멜 마끼아또 제조과정 7

(1) 에스프레소를 샷 글라스에 추출한다.

(2) 캐러멜 마끼아또를 만들 잔에 캐러멜 소스를 30ml를 넣는다.

(3) 얼음을 잔에 채워 넣는다.

(4) 우유를 캐러멜 소스가 들어 있는 잔의 70~80% 정도 넣어준다.

(5) 추출한 에스프레소를 우유 중앙에 잘 넣어준다.

(6) 우유 거품을 위에 얹어준다.

(7) 우유 거품 표면에 캐러멜 소스로 모양을 만들어준다.

캐러멜 마끼아또는 꼭 위에 있는 순서대로 만들어준다. 그래야만 투명한 컵에 담겨 있는 음료가 캐러멜 소스, 우유, 에스프레소의 3개 층으로 나누어져 예쁘게 모양이 난다.

취향에 따라 마시는 방법은 잘 섞어서 마셔도 되고, 빨대를 이용하여 맨 아래층의 캐러멜 소스를 먼저 먹으면서 나눠 마시기도 한다.

07 기타 음료

1) 스무디

스무디는 여름에 찾는 음료로써 어렸을 때 학교 앞에서 자주 사먹던 슬러시를 생각하면 된다. 제빙기를 이용하여 얼음을 만들고 블렌더를 이용하여 얼음과 각종 맛을 내는 스무디액, 우유 등을 잘 혼합해 주면 되므로 제조 역시 어렵지 않은 편이다.

스무디 제조과정 1

스무디 제조과정 2

스무디 제조과정 3

스무디 제조과정 4

(1) 우선 얼음을 서비스할 컵에 가득 담은 뒤 블렌더에 넣는다.

(2) 우유 90ml를 넣는다.

(3) 딸기, 키위, 망고 등 원하는 맛의 스무디액 90ml를 넣는다.

(4) 블렌더를 작동시켜 음료를 만든다.

스무디에서 중요한 건 얼음의 양과 액체의 용량 및 비율이다. 스무디가 너무 묽어서 흐르거나 너무 진해서 뻑뻑해지는 이유는 이 때문이다.

그리고 요거트 파우더를 이용하여 스무디를 만들 수 있다. 요거트 파우더만 넣으면 요거트 스무디를 만들 수 있고, 과일 맛을 첨가하면 다양한 맛의 요거트 스무디의 제조가 가능하다.

2) 소다

소다는 탄산이 들어간 음료로 여름철에 갈증을 해소해 주며 식사 후 또는 속이 더부룩할 때 즐겨 찾는 메뉴 중 하나이다. 앞에서 배운 탄산수 제조기를 이용해서 탄산수를 만들거나 소다수를 직접 구매하여 이용하기도 한다.

어떠한 시럽을 넣느냐에 따라서 다양한 소다를 만들어 제공할 수 있다. 여기서는 이탈리안 소다를 소개하겠다.

소다 제조과정 1

소다 제조과정 2

소다 제조과정 3

소다 제조과정 4

(1) 투명한 플라스틱 잔에 얼음을 가득 채운다.

(2) 탄산수 제조기를 이용하여 정수된 차가운 물을 탄산수로 만들어준다.

(3) 시럽 50ml를 잔에 넣는다. 시럽은 라즈베리, 블루베리 등 다양한 맛의 시럽을 취향에 맞게 사용한다.

(4) 탄산수 제조기로 만든 탄산수를 잔에 넣어준다.

08 사이드 메뉴

최근 커피전문점에서 중요한 메뉴로 자리 잡고 있는 사이드 메뉴는 커피 등 음료와 함께 간단한 식사대용으로 즐길 수 있는 메뉴이다.

1) 브레드

유럽이나 미국 등 서양권 문화의 나라에서는 식사대용으로 가볍게 커피와 브레드를 즐기는 편이다. 우리나라에는 바쁜 직장인 또는 젊은이들 사이에서는 식사 대신에 카페나 커피전문점에서 커피와 함께 즐길 수 있는 메뉴로 이용되고 있다.

그 중에 브레드는 가장 쉽게 접할 수 있는 메뉴로서 다양하게 활용하여 손님에게 제공할 수 있다. 가장 인기가 좋은 메뉴로는 허니버터브레드로 직사각형 모양의 브레드 안에 버터 및 캐러멜 소스를 첨가하여 제공된다. 안의 내용물에 따라서 초콜릿, 갈릭 등 다양한 종류의 브레드를 만들 수 있다.

2) 케이크 및 쿠키

우리가 흔히 알고 있는 케이크 및 쿠키 역시 커피와 잘 어울리는 메뉴이다. 원형의 큰 케이크를 제공하면 손님 입장에서는 부담스러울 수 있으니 1조각씩 따로 포장을 하여 배치한다면 좀 더 효과적일 수 있다. 치즈케이크, 고구마 케이크 등 다양한 케이크 역시 커피와 잘 어울릴 뿐만 아니라 간단히 디저트 형식으로 제공할 수 있다.

또한 쿠키 역시 커피만으로 뭔가 아쉬운 손님에게 입안을 좀 더 즐겁게 할 수 있는 간단한 사이드 메뉴이다. 초코칩이 첨가되어 있으면 씹는 맛 역시 좋아지며 단 맛을 내는 치즈쿠키 역시 커피와 잘 어울리는 인기 메뉴 중 하나이다.

3) 프레즐

프레즐(Pretzel)은 원래 독일에서 기원한 식품이다. 라틴어로 작은 보답이란 뜻으로 Pretiloa에서 기원됐는데, 7C 초 알프스지역의 한 수도승이 막대 형태의 밀가루 반죽으로 기도하는 어린이의 손이 포개진 형태를 본 따서 만든 빵이다.

프레즐은 햄버거와 치킨 대신 들고 다니면서 먹을 수 있기 때문에 이미 외국에서는 제3의 패스트푸드로 인기를 끌고 있다.

프레즐의 종류도 상당히 많다. 오리지널, 플레인, 시나몬 등 많은 종류가 있고 치즈와 페퍼로니 등 다양한 재료가 토핑으로 첨가되어 어우러지는 이탈리안 프레즐도 있다. 이러한 프레즐에 체다치즈 소스를 곁들여서 먹게 된다면 더욱더 맛있는 프레즐을 즐길 수 있다.

Memo

Chapter >> 10

매장 개설

This coffee falls into your stomach, and straightway there is a general commotion. Ideas begin to move like the battalions of the Grand Army on the battlefield, and the battle takes place. Things remembered arrive at full gallop, ensign to the wind. The light cavalry of comparisons deliver a magnificent deploying charge, the artillery of logic hurry up with their train and ammunition, the shafts of wit start up like sharpshooters. Similes arise, the paper is covered with ink ; for the struggle commences and is concluded wih torrents of black water, just as a battle with powder.
– Honore de Balzac –

커피가 위 속으로 떨어지면 모든 것이 술렁거리기 시작한다.

생각은 전쟁터의 기병대처럼 빠르게 움직이고, 기억은 기습하듯 살아난다.

작중 인물은 즉시 떠오르고 원고지는 잉크로 덮인다.

오노레 드 발자크

Chapter » **10**

매장 개설

자기만의 사업을 한다는 것은 결코 쉬운 일이 아니다. 많은 금액이 필요하고 개인의 미래와 사회적 안정 등 많은 것이 포함되어 있기 때문에 매장을 설립하기 전에 꼼꼼하게 많은 것을 준비해야 한다.

어느 위치에 매장을 오픈해야 하고 어떠한 장점과 단점이 있는지, 건물의 사용용도 및 크기 등을 자세히 조사해서 차후 진행과정에 차질이 없도록 해야 한다.

01 위치 선정

매장을 개설할 때 가장 우선시되는 순위는 어느 장소에 매장을 개설할지 위치를 선정하는 것이다. 위치 선정이라는 것은 어떠한 사람들에게 제품을 제공하는지를 결정하는 것과도 연결되어 있다. 직장인인지 아니면 학생인지, 아파트단지에 사는 일반사람들에게 제공할 것인지 주요 고객층을 결정하는 것이다.

고객층에 따른 특성이 있을 것이며, 가격 및 인테리어도 차이가 날 것이다. 따라서 위치를 선정할 때 이러한 여러 가지 경우를 생각해야 성공적으로 매장을 운영할 수 있다.

1) 상권 조사

알맞은 위치를 선정하기 위해 먼저 실시해야 하는 필수적인 부분이 바로 상권을 조사하는 것이다. 점포 주위로 경쟁점포를 확인하고 가격, 유동인구 등을 조사해서 나에게 얼마나 영향을 주는지를 파악하고 위치를 결정하는데 반영해야 한다.

(1) 인구 및 세대 수 조사

매장을 개설하는데 있어서 그 주위의 인구 및 세대수를 조사하는 것은 매우 중요하다. 아무리 인구가 많다고 하더라고 유동인구가 얼마나 되는지, 그 인구들의 동선이 어떻게 되는지를 파악해야 하고 어떠한 목적의 인구가 거주, 통행하는지를 파악해야 한다.

아무리 좋은 아이템으로 개설을 하더라도 거주하거나 통행하는 주위 인구의 목적이 매장의 목적과 맞지 않는다면 실제로 매출로 이어지기 힘들기 때문이다.

그렇기 때문에 성별 및 연령, 유동인구를 시간대별로 체크하며 정확성을 위해서 여러 번 조사하는 것이 필요하다.

(2) 소비관계 조사

내가 개설하려는 것과 유사한 업종의 매장 매출을 조사하면 나의 예상 매출을 예측할 수 있다. 또한 상권 내 고객의 소비현황과 구매행동을 살피며 그 주위의 상권이 계속 발전하는지, 아니면 쇠퇴기에 접어들었는지를 파악하고, 건물 주인에게 기존에 있던 매장의 영업실적은 어떠하였는지, 건물주는 어떤 사람인지도 파악을 해두면 자신의 매장의 미래를 예측을 하는데 도움이 된다.

(3) 교통 현황 조사

도로변에 설립을 하려는 경우에는 교통 현황이 매우 중요하다. 주위에 지하철역, 버스정류장 등이 있는지를 살피고 인도의 폭이 얼마나 되는지도 파악을 한다. 인도가 넓으면 소비자의 구매의욕이 떨어지게 되므로 매장 앞에 테라스를 설치하는 방안을 준비해서 고객을 유도해야 한다. 인도와 차도가 구분되지 않아서 복잡하거나 차량흐름이 빠른 곳은 피하도록 하자.

2) 환경별 상권의 특징

(1) 번화가

번화가라고 하면 유동인구가 많고 구매력이 높은 지역을 말한다. 서울을 보면 종로, 강남, 명동, 신촌 등을 예로 들 수 있다. 이러한 번화가는 매장을 개설하기에 최적의 입지라고 할 수 있다. 하지만 그만큼 보증금, 권리금, 임대료가 너무 많이 든다.

이러한 지역은 개인 창업은 많이 힘들고 대형 프랜차이즈 업체가 주로 자리를 잡는다. 적자가 나더라도 유동인구가 많기 때문에 홍보효과를 누리기 위해서 많은 업체들이 자리를 잡으려고 경쟁을 한다.

(2) 대로변 및 역세권

일반적으로 대로변이나 역세권은 쉽게 매장을 운영할 수 있다고 생각하지만 꼭 그렇지 않다. 같은 역의 출구라 하더라도 환경에 따라 각각 인구의 동선이 살아 있을 수도 있고, 죽어 있을 수도 있기 때문에 잘 파악해야 한다.

매장을 개설하려고 생각한 위치에 버스정류장, 횡단보도 등이 있으면 자연적으로 사람들이 모이기 때문에 매장의 홍보 및 매출에 많은 효과가 있으니 이 역시 조사한다.

(3) 오피스지역

사무실들이 많이 몰려 있어서 직장인들이 많은 지역인 오피스지역은 고객이 대부분 20대 중반에서 30대 이상까지의 직장인이다. 대부분 사회생활을 하는 젊은 층이므로 메뉴나 인테리어 역시 그 세대에 맞게 설정하는 것이 좋다.

특히 직장인들이다 보니 점심시간대에 많은 매출이 발생하므로, 그 시간대를 잘 활용해야 한다. 점심시간대를 제외하고는 (특히 주말이나 공휴일) 매출을 기대하기 어려우니 그에 따른 대체방법도 생각을 하는 것이 필요하다.

(4) 대학가 및 학원가

번화가와 연결된 대학가를 말하는 것이 아니라 재학생들이 주로 고객이 되는 곳과 많은 학원들이 밀집해 있는 곳을 말한다. 이러한 곳은 학생 및 수험생들이 주 고객이기 때문에 가격에 많은 신경을 써야 한다.

이러한 곳은 많은 프랜차이즈점이 자리를 잡고 있어서 운영하기가 쉽지는 않지만 가격경쟁이나 서비스, 개성 있는 분위기 등을 잘 살리면 그 경쟁 속에서 자리 잡을 수 있다.

대학가에서 염두에 두어야 할 부분은 방학이다. 계절 학기를 듣는 학생 및 공부하는 학생들이 학교에 있긴 하겠지만 학기 중에 비해 매출이 많이 떨어지게 될 것이다.

5) 주택가 및 아파트

주택가 및 아파트는 큰 매출을 올리기는 힘든 지역이지만 창업의 부담이 적고 제품의 완벽성에 큰 영향을 받지 않기 때문에 여성들이나 경험을 쌓기 위한 초보자에게 유리한 장소이다.

마트입구나 시장입구, 버스정류장이나 횡단보도 앞은 이 지역에서 유동인구가 가장 많은 곳으로 운영 및 마케팅을 잘한다면 좋은 결과를 얻을 수 있다. 특히 낮 시간대에 주부들이나 연령이 있는 분들을 대상으로 커피에 관한 무료강좌 등을 실시해 주는 마케팅도 인지도 및 매출에 상당히 도움이 될 것이다.

02 건물 확인

입지선정이 완료되었다면 본격적인 준비가 필요하다. 우선 내가 선정한 건물에 대해서 파악해야 한다. 아무 생각 없이 매장 인테리어나 공사를 시작하면 추후에 생각지도 못한 변수가 발생하여 문제가 생길 수 있으니 반드시 확인을 하고 넘어가자.

1) 건축물 관리대장 확인

들어가게 될 건물의 건축물 관리대장을 꼭 확인한다. 건축물 관리대장 용도 부분에 반드시 근린생활시설이라고 되어 있어야 한다. 만일 다른 용도로 되어 있다면 건물주와 얘기해서 용도변경을 반드시 해야 한다. 영업신고를 할 때 문제가 될 수 있으므로 꼭 확인을 하자.

2) 전력 확인

건물에 배정된 전기용량 즉, 내가 사용할 수 있는 전력을 파악해야 한다. 특히 에스프레소 머신과 오븐 등 대부분의 기계들이 많은 양의 전력을 필요로 하기 때문에 확인하지 않은 상태에서 매장을 개설하게 되면 전력이 부족해서 운영을 할 수가 없게 된다. 건물주에게 얘기를 하면 매장에서 사용할 수 있는 전기용량을 알 수가 있다.

커피전문점에서는 많은 양의 전력이 필요하다. 20평 이하의 장소 기준으로 대략 에스프레소 머신이 5kW, 오븐 6kW, 냉장고 1kW, 제빙기 1kW 정도가 소모되며 냉난방시설이 3kW, 조명이 2kW 정도 소모된다.

그렇기 때문에 최소한 20kW 이상의 전력이 필요하다. 물론 개인매장에서는 오븐기를 설치 안하는 곳이 많지만 그렇더라도 최소한 15kW가 필요하기 때문에 20평 기준으로 15~20kW의 전력을 확보해야 한다.

프랜차이즈 매장은 우선 매장의 평수가 크고 더 많은 기계들이 설치가 되기 때문에 훨씬 많은 양의 전력이 필요하다. 최소 30kW는 있어야 하고 보통 40kW 정도는 되어야 아무 문제 없이 매장을 운영할 수가 있다.

만일 매장이 들어갈 장소에 전력이 충분하지 않으면 어떻게 해야 할까? 요즘 건물들은 대부분 여유용량의 전력을 가지고 있다. 그렇기 때문에 건물주와 얘기한 후에 전력증설을 할 수가 있다.

하지만 건물이 오래되었다면 여유용량이 없을 수 있다. 그런 경우에는 한국전력에 신청을 해서 전력을 증설해야 하는데 문제는 금액이 상당히 비싸다는 점이다. 그러므로 매장을 설립하기 전에 건물에 대해서 좀 더 확실하게 파악을 한 후에 준비를 하자.

3) 급 · 배수 확인

에스프레소 및 커피는 물을 기본으로 하여 제조한다. 제빙기를 이용하여 얼음을 만들거나 에스프레소 머신에 물을 제공하고 식기세척 등 많은 곳에서 물을 사용하기 때문에 건물의 급수상태와 배수상태 역시 미리 알아보도록 하자.

급수 및 배수가 원활하지 못한다면 매장을 운영하는데 답답한 부분이 많이 생길 것이다. 급수 및 배수가 안 되는 곳이 어디 있겠냐만은 원활한 운영을 위해서는 이러한 부분도 꼼꼼히 살펴보도록 하자.

4) 테라스 공간 확보 및 확인

테라스는 매장을 설립하는데 필수 사항은 아니다. 하지만 홍보 및 고객유치를 위해서는 테라스의 역할이 크다. 카페나 커피전문점을 찾는 이유는 무엇일까? 커피를 마시기 위해서가 주된 이유겠지만 설문조사 결과 분위기 때문이라는 이유가 상당수를 차지하고 있다.

단지 커피만을 마시기 위해서는 집에서 핸드드립으로 마시거나 카페에서 테이크아웃으로 마시면 되지만 혼자 시간을 즐기거나 약속장소로 사용할 때, 지인들과 시간을 가질 때 등 카페를 찾는데 분위기 때문에 찾는다는 이유가 높다.

따라서 인테리어 역시 상당히 중요하다. 특히 프랜차이즈 매장은 테라스의 확보가 홍보 및 매출에 상당한 영향을 미치는데, 이는 테이블 수와 연결되기 때문이다. 날씨가 좋은 날에는 테라스를 찾는 고객이 많으니 필수는 아니지만 가능하다면 염두에 두도록 한다.

03 영업 신고

모든 것이 준비가 되었다면 인테리어 및 공사를 시작하고 완공 후에 영업신고를 하고 시작하면 된다. 영업을 시작하려면 몇 개의 필요서류가 있다.

필요서류	주민등록등본 1부 , 인감증명서 1통, 인감도장, 사업자등록증, 영업신고증	
사업자등록증	발급처	관할 세무서
	준비서류	영업 신고증, 임대계약서, 신분증, 도장
영업 신고증	발급처	관할 구청 보건위생과
	준비서류	• 임대계약서 • 위생교육수료증(구청에 문의) • 액화석유가스검사필증(면적 30평 이상, 도시가스업자 해당)

Strong coffee, much strong coffee, is what awakens me. COFFEE gives me warmth, waking, an unusal force and a pain that is not without very great pleasure.
– Napoleon Bonaparte –

내게 정신을 차리게 만드는 것은 진한, 아주 진한 커피이다. 커피는 내게 온기를 주고, 특별한 힘과 기쁨과 쾌락이 동반된 고통을 불러일으킨다.

나폴레옹 보나파르트(1세)

Chapter >> 11

매장 관리 및 운영

If I don' t drink my little cup of coffee three times a day, I' ll dry up like a piece of roast goat-flesh.

아버지, 이해해주세요. 하루 세 차례 내 작은 데미타세 잔으로 한 잔씩 마시지 못하면 저는 바싹 마른 염소고기 한 조각이나 다름없어요!

(독일의 작곡가 바흐(1685~1750)는 커피 애호가였다. '커피 칸타타(Kaffee Kantate)'란 이름으로 더 알려진 오페레타 '가만히 입 다물고 말하지 말아요(Schweit stille, plaudert nicht)'를 작곡했는데, 그 중에 커피 마시는 습관을 버리라는 아버지에게 딸이 다음과 같은 아리아로 대답하는 부분이 있다)

Father Schlendrian' s daughter, from the Coffee Cantata

Chapter » **11**

매장 관리 및 운영

매장 운영을 시작하기 전 모든 일에는 순서가 있듯이 각각 매장에도 일의 순서가 존재한다. 인지도 및 매출이 좋은 매장은 어떤 매장이라고 할 수 있을까?

대부분 고객에게 친절, 미소, 편안함, 안락함을 주는 것과 마케팅 관련 내용 프로모션 등을 얘기한다. 모두 맞는 말이다. 하지만 언제나 모든 일에는 순서가 있다.

그 조건은 기본 수칙 3가지로부터 시작이 되며 이 기본 수칙 3가지는 서비스 업종에 종사하는 사람이라면 언제나 꼭 지켜야 한다는 것을 인지하고 있어야 한다.

01
매장 관리

1) 최고의 매장이 되기 위한 기본 수칙 3가지

(1) 매장에서의 인사

인사는 손님에 대한 예절임과 동시에 와 주셔서 감사합니다라는 마음을 전달하는 수단이다. 우리나라에서는 목소리가 큰 사람이 이긴다라는 말도 있지만 사실 인사에서는 목소리의 크고 작은 것이 결코 중요하지 않다. 바로 인사하는 사람의 마음이 고객에게 전달되어야 한다. 그렇게 하기 위해서는 밝고 명쾌한 목소리로 일정한 톤을 주어 안녕하십니까? OOO입니다 하고 외쳐야 한다.

Tip 좋지 않은 인사법

- 손님이 아닌 다른 곳을 보고 인사한다.
- 인사의 앞부분은 크고 뒷부분은 작아진다.
- Bar와 출입문 사이의 거리가 멀어 손님에게 전달이 되지 않는데도 불구하고 녹음기처럼 막연히 인사한다(이때에는 손님이 출입문을 통과하고 약 3~5초 정도 흐른 후 인사를 하여야 전달이 된다).

- 사회 경험이 없는 대부분의 바리스타는 인사를 두려워한다. 특히 여럿이 있을 경우 누군가가 먼저 하겠지, 사람들이 쳐다보면 어떻게 해야 하나라는 생각이 인사를 하기 전부터 머릿속에서 맴돌기 때문이다.
- 여러 번의 반복 교육에도 불구하고 인사가 이루어지지 않는다면 1:1 교육 방법으로 사무실에서 홀에 있는 손님이 들을 수 있을 정도로 크게 선임 선창 후임 후창을 반복한다. 처음에는 머뭇머뭇하지만 한두 번하고 나면 선임과 똑같은 목소리로 밝은 인사를 하게 된다.

(2) 청결 상태

식품을 다루는 곳은 항상 청결하여야 한다.

- 청결 상태를 수시로 체크한다(최소 30분~1시간마다). 또, 고객의 입장에서 생각한다.
- 그라인더 또는 에스프레소 머신 위의 행주 상태는 항상 깨끗한 행주로 가지런히 준비한다. 고객의 입장에서 BAR를 바라보고 있으면 POS 주변 먼지, 에스프레소 머신에 사용하는 행주, 제빙기 속안 물때 등 모든 것이 너무나도 잘 보이니 항상 청결을 유지하도록 한다.
- 홀 테이블 청소 시 항상 청결한 행주로 테이블을 닦고 홀 테이블을 정리할 때는 마른 행주와 젖은 행주 2개를 항상 준비하여 젖은 행주로 닦고 마른 행주로 닦아 주도록 한다.

- 쇼 케이스와 고객 사이의 틈새 청결을 유지하며 MD상품 역시 청결을 유지한다.
- POP 청결 상태 및 파손 상태를 체크하며 냉장고 아래 등 눈에 보이지 않는 곳도 항상 깨끗하게 정리를 해야 한다.

(3) 제품의 완성도

제품을 정확한 제조법에 준하여 제조하여야 한다. 1년 이상의 바리스타라면 에스프레소 추출 버튼을 누른 후 약 7~14초 이내에 정상적인 추출인지 비정상적인 추출인지에 대한 판단을 할 줄 알아야 하며 판단이 바로 서지 않는다면 빨리 버리고 새로 추출하여야 정확한 제품을 완성시킬 수 있고 완벽한 제품에 맛을 본 고객만이 다시 방문하게 되는 것이다.

02 각 위치에 따른 임무

1) 점장

점장은 관리자이며 바리스타이다. 인력과 매장 관리 등의 문제점을 해결할 수 있고 바리스타 업무와 부점장의 업무가 잘 진행이 되는지 관리 감독하는 것이다.

점장들의 업무는 가령 청소를 하더라도 교육을 위한 청소를 해야 하며 먼저 솔선수범을 보인 후 모든 일들이 점장의 지시 없이 진행될 수 있도록 교육을 하는 것이다.

점장은 직원들의 일처리가 못 마땅하다고 무조건 본인이 해결하려 하지 말고 계속해서 반복적으로 될 때까지 지시 감독하여 점장이 없어도 일처리가 가능해지도록 행하는 것이 점장의 업무이다(단, 각각의 직책에 맞는 업무에 한하여).

Tip

점장은 매장의 주인이기에 어떠한 상황에서라도 본인 스스로가 해결하려는 노력이 필요하며 본인의 책임을 벗어난 업무를 수행하여야 한다면 윗 상사(슈퍼바이저)에게 빨리 보고하여 지시를 받아야 한다. 또한 컴플레인에 대해서는 빠른 대처를 통해 고객을 안심시켜 컴플레인으로 남지 않도록 한다. 가장 중요한 목적은 일을 해결하는 것이다.

2) 부점장

점장 및 업주가 매장의 운영을 맡긴 만큼 책임감이 강하고 사명감이 투철해야 하며 모든 사람에게 (특히 직원) 모범이 되는 행동을 보여야 한다.

이러한 부점장은 인사, POS, 고객 응대, 설거지, 청소, 제품 제조, 점장의 업무 중 일부(일부 직원교육)를 하는 능력의 위치를 가졌기 때문에 스스로 자질을 키울 수 있어야 한다.

30%는 점장의 업무 일부분과 70%는 바리스타가 해야 할 일을 하면서 점장을 도와 매장을 꾸려가는 것이다.

3) 직원

인사, POS, 고객 응대, 설거지, 청소, 제품 제조 점장과 부점장이 지시하는 일을 반복적으로 학습하여 내 것으로 만드는 업무를 한다.

매장 직원들이 바리스타로의 계획과 목표가 있는지 없는지에 따라 매장에 미치는 영향은 크다. 대부분 재미 삼아, 막연히 커피가 좋아서 일을 시작하므로 그 중에서 성공하는 사람은 극히 드물다.

성공하는 바리스타가 되기 위해서는 자기 자신과의 약속, 목표가 정해져 있어야 바리스타로서의 자질을 발휘할 수 있게 된다.

4) P/T 직원(파트타임)

매장의 기본 업무(홀 체크, 설거지, 간단한 음료 만들기)를 수행함으로써 판매를 촉진한다.

Tip 바리스타

어떤 사람을 바리스타라고 불러야 할까? 카페에서 커피를 추출해서 만들어 주는 사람? 각종 자격증을 가지고 카페의 커피를 만드는 전문적인 직업? 물론 이러한 사람들도 바리스타에 속한다. 하지만 단지 커피를 만드는 사람만을 바리스타라고 부르진 않는다.

매장 또는 Shop을 전체적으로 운영할 수 있는 사람을 바리스타라고 부르며, 이 말은 많은 것을 뜻하고 있다. 서비스 관점으로는 고객이 말하기 전에 먼저 고객의 편의를 생각하고 실행해야 하며 고객이 음료를 주문하지만 그와 어울리는 제품을 설명하여 추가 권장 판매를 하고 손님이 많을 때에는 주문 처리 속도를 높여 고객이 불편을 느끼지 않도록 해야 한다. 물론 완벽한 제품 제조는 기본이며 재료의 선입 선출, 유통기한이 다 되어가는 재료를 이용하여 할인, 시음, 시식으로 재고가 버려지지 않도록 처리하는 능력 또한 구비하고 있어야 한다. 한마디로 카페나 Bar 안에서 이루어지는 모든 행위를 다 습득하고 관리할 수 있는 능력을 가진 사람을 바리스타라고 칭할 수 있다.

바리스타는 단순한 커피 추출기술자가 아니라 서비스맨이다. 서비스업에서의 마음자세 및 외관적인 자세는 매우 중요하다. 곧은 자세와 밝은 모습, 긍정적인 마음으로 항상 고객을 상대해야 한다. 아무리 추출능력이 좋다 하더라도 어떠한 마음과 자세로서 고객에게 다가가느냐에 따라 많은 것을 좌우할 수 있다.

현대에는 그라인더 및 에스프레소 머신의 발달로 인해서 많은 바리스타 능력의 중요성이 감소되었다. 하지만 진정한 바리스타는 이러한 기술적인 발전과 관계 없이 경험과 노하우로서 하루 중 어느 때나 일반 에스프레소와 구분되는 최고의 에스프레소를 만들어야 한다. 같은 머신으로 에스프레소를 추출하더라도 사람에 따라서 맛이 차이가 나는 것은 일찍이 설명을 했다. 완벽한 제품과 훌륭한 서비스 정신으로 준비된 바리스타는 카페나 커피전문점에 있어 가장 중요한 요소라 할 수 있다.

어떠한 일이더라도 마음자세를 어떻게 가지느냐에 따라 행동 및 결과 등 모든 것이 달라진다. 능동적으로 주인의식을 가지고 모든 일에 임해야만 어떠한 상황이 오더라도 좋은 방향으로 대응할 수 있다. 바리스타로서 자신의 일을 사랑하고 열정을 가지고 일에 임하는 것이 가장 중요한 기본 마인드라고 할 수 있다.

03 서비스

서비스란 매장을 찾아준 고객에게 우리가 만든 제품을 공급하는 것으로서 생산이나 소비에 관련한 모든 경제활동을 일컫는다. 고객이란 존재는 우리가 왜 일을 하는지 목적을 만들어 준다고 할 수 있다. 완벽한 제품으로 고객이 원하는 서비스를 제공하는 것이 최고의 우선이며 항상 고객의 입장에서 생각을 하고 행동을 해야만 우리에게도 이득이 돌아온다.

고객들이 매장을 다시 찾지 않는 가장 큰 이유는 무엇일까? 설문조사 결과에 의하면 직원들의 불친절 및 서비스였다. 물론 맛과 분위기도 중요하지만 직원들의 불친절 및 서비스가 70%로, 매장에서의 서비스는 매우 중요한 부분이라 할 수 있다.

바리스타가 커피를 맛있게 추출하는 것은 커피를 서비스하기 위함이다. 냉정하게 말해서 아무리 커피를 잘 만든다고 하더라도 판매가 되지 않으면 무슨 소용인가? 다시 말해서 바리스타 및 매장 안 직원들의 서비스가 곧 매출 및 매장의 발전을 좌우한다고 해도 과언이 아니다.

어떠한 곳을 방문하더라도 고객이란 위치를 가진 사람의 마음은 모두 같을 것이다. 관심을 받고 싶고 웃음으로 맞이하기를 바라며 환영받고 싶어한다. 또한 청결한 장소에서 분위기를 즐기고 싶어하고 편안한 마음으로 맛있는 음식을 즐기고 싶어하는 것은 누구나 고객의 입장이 된다면 같을 것이다. 바리스타 및 직원들은 항상 고객의 입장이 되어 생각 및 행동을 해야 그 서비스를 받은 고객이 우리에게 많은 것은 안겨줄 것이다.

그렇다면 고객들이 불쾌감을 느낄 수 있는 행동들은 어떠한 것들이 있을까? 불친절 및 미흡한 서비스뿐만 아니라 아주 사소한 것에서도 고객들은 불쾌함을 느낄 수 있다.

바리스타의 복장 및 표정인 외적인 부분부터 고객이 있는 곳에서 사적인 잡담을 하거나 하품 및 기지개를 펴는 모습, 손님을 힐끔 쳐다보거나 손가락으로 가리키는 모습 등 이러한 작은 행동들조차 고객들에게 좋지 않은 모습으로 기억될 수 있다.

서비스업에 종사하는 사람들은 이 모든 것들을 유의하도록 하고 매장에서 주인 입장에 있다면 직원들 교육에 더욱더 신경을 써야 할 것이다.

1) 인사

웃는 얼굴에 침 못 뱉는다는 말이 있다. 항상 고객에게 인사를 할 때는 즐거운 마음으로 미소를 담고 바른 자세로 인사를 한다.

인사는 고객이 매장을 방문하였을 때 사람에게서 느낄 수 있는 가장 첫 번째 이미지로서 불편한 표정이나 진심어리지 못한 형식적인 인사를 받게 된다면 방문과 동시에 불쾌한 기분을 느낄 것이다. 고객이 들어오면 자신 있고 맑고 경쾌한 목소리로 인사를 하도록 하자.

고객이 방문하였는데 바쁘다는 이유로 고객을 응시하지 않고 입으로만 안녕하세요~ OOO입니다~라고 인사를 하는 것은 무성의해 보여서 오히려 안한 것보다 못한 상황이 된다. 고객의 눈과 살짝 마주친 후 항상 미소를 머금고 밝게 인사를 하는 습관을 기르도록 하자.

2) 용모

사람이란 첫 모습에서 그 사람의 첫 인상을 많이 결정한다. 단정한 용모를 가진 사람은 자연스레 신뢰감이 생기게 되어 있다. 용모와 몸가짐은 인격의 표현이기 때문이다.

(1) 남성

- 머리는 너무 지저분하게 기르지 않도록 하며, 옆머리나 뒷머리는 귀와 와이셔츠 깃을 덮지 않도록 하는 것이 좋다.
- 면도는 매일 아침에 하며, 식사 후 항상 양치질을 하여 청결을 유지한다.
- 수시로 거울을 보면서 눈꼽 또는 이물질을 체크한다.

(2) 여성

- 여성은 사회생활 중 화장을 해주는 것이 예절이다. 하지만 너무 진하게 하지 말아야 하며, 자연스럽고 평범하게 해야 한다.
- 지나친 염색이나 파마는 피하도록 하며, 머리가 길다면 단정하게 묶어준다.
- 손톱은 매니큐어는 피하고 깨끗하게 정리를 한 상태로 유지한다.

3) 복장

용모에 못지않게 첫인상을 좌우하는 것 중 하나가 복장이다. 서비스 업종에 종사하는 사람에게 단정하고 깨끗한 복장은 기본이며 항상 이를 유지할 수 있어야 한다.

유니폼 및 상의는 주 2~3회 세탁을 하여 항상 깨끗하고 단정히 다림질을 하여 착용한다. 또한 유니폼 착용 시에는 착석을 하지 않는다.

바지는 검정색 계통의 바지가 좋으며 깔끔한 면바지나 기본 청바지도 나쁘지 않다. 여성의 경우 치마를 입는다면 커피색 계통의 스타킹을 착용해 준다.

명찰은 항상 왼쪽 가슴에 이름이 보이도록 달아주며 구두는 수시로 체크해서 깨끗하게 신도록 하며, 여성은 가능한 단화를 신도록 한다.

4) 표정 및 대기자세

미소는 돈이 들지 않는 가장 비싼 치장이라고 한다. 어떠한 상황이 오더라도 항상 웃을 수 있도록 자신에게 주문을 한다. 표정은 항상 밝은 상태를 유지하도록 한다.

표정이 밝고 맑아야 음성도 경쾌해지고 응대 역시 밝아진다. 그런 모습을 보는 상대방 역시 밝고 맑은 기분으로 서로를 대할 수 있다. 평소의 표정은 온화한 상태를 유지하며 얼굴 전체에 자연스럽게 미소를 머금을 수 있도록 해준다.

평소 대기하고 있을 때는 바른 자세로 있도록 한다. 뒷짐을 지고 있다거나 주머니에 손을 넣은 상태로 있으면 보는 입장에서는 불쾌할 수 있다. 사적인 잡담은 삼가도록 하며 개인적인 전화 통화는 하지 않는다. 피치 못할 사정이 있을 때는 매장 전화를 사용하거나 점장에게 허락을 받은 후에 휴게실이나 대기실에서 통화를 간략하게 한다.

수시로 정리 정돈 및 청결을 유지하도록 하고 직원들끼리 호칭에도 유의하도록 한다. 직급이 있는 직원에게는 직급을 붙여서 부르도록 하며 그렇지 않은 경우에는 ~씨를 붙여서 서로 존중하는 호칭을 부르도록 한다.

개인적으로 친분이 있다 하더라도 오빠, 형, 언니 등의 호칭은 쓰지 않도록 한다. 흡연은 매장 입구나 근처에서 하지 않으며 고객이 보이지 않는 곳에서 하도록 한다.

5) 전화 예절

고객의 전화에 친절하며 빠른 서비스와 정보를 제공한다.

- 전화는 3번의 벨이 울리기 전에 받도록 한다. 그리고 인사, 회사 또는 매장이름, 본인의 이름을 밝힌다.

예) 전화를 걸 경우 안녕하세요. OOO의 홍길동입니다.
전화를 받을 경우 감사합니다. OOO의 홍길동입니다.

- 만일 4번 이상 벨이 울린 후에 받았다면 늦게 받아 죄송합니다라고 미안한 뜻을 상대방에게 표현한다.
- 만약 잠시 기다려야 한다면 정중히 잠시만 기다려 주시겠습니까? 라고 말하며 30초 이내에 연결할 수 있도록 한다.
- 고객과의 대화는 긍정적이며 전문가답게 이끌어 간다.
- 메시지는 정확하게 메모하여 당사자에게 전달한다.
- 상대방이 먼저 전화를 끊기 전에 수화기를 내려놓지 않는다.

6) 목소리 및 어조

목소리를 어떻게 하느냐에 따라서도 듣는 입장에서는 다양한 기분을 느낄 수 있다. 정확하고 밝은 목소리로 말을 하도록 한다. 우물쭈물하는 목소리는 무슨 말을 하는지 알 수가 없고, 오히려 목소리가 너무 크거나 강하면 불편해 할 수 있다.

항상 밝고 경쾌하게 말을 할 수 있도록 유의하도록 한다. 굵고 거친 목소리는 연습을 통해 개선될 수 있으므로 훈련을 하여 안정감 있는 목소리를 낼 수 있도록 해준다. 주위가 산만하고 시끄러워서 무조건 큰 소리로 말한다고 상대방이 잘 듣는 것은 아니다. 오히려 화난 것 같은 인상을 심어주어 기분 나쁘게 받아들일 수 있다. 차분하게 또렷한 목소리로 말하는 것이 오히려 상대방에게 더욱 잘 전달될 수 있으며 상대방에 대한 믿음을 가질 수 있다.

어조 역시 항상 같은 뜻이라도 직설적으로 말하지 않는다. 예를 들어 빨리 주세요라고 요구하는 손님께 안 됩니다, 커피를 추출하기 때문에 오래 걸립니다라고 말하는 것보다 5분만 기다려 주십시오, 조금만 기다려주세요. 금방 드리겠습니다라고 말하는 것이 더욱 더 고객의 입장에서 듣기 좋은 말이다.

명령어 역시 삼가도록 한다. 고객이 카운터나 바 안에 들어오려고 할 때 들어오지 마세요, 그곳으로 가지 마세요라고 하는 명령조의 말을 죄송하지만 밖에서 기다려 주실 수 있으신가요?, 그곳으로 들어가지 않으시면 좋겠습니다라고 권유하는 식으로 말을 하게 된다면 고객의 기분을 불쾌하지 않게 할 뿐만 아니라 오히려 더 효과가 있을 것이다.

아 다르고 어 다르다는 속담이 있다. 같은 말이라도 어떻게 표현을 하느냐에 따라서 듣는 입장에서는 천차만별일 수가 있다. 그러므로 항상 말을 하기 전에 한 번 더 생각을 하고 표현하도록 하자.

이 세상에는 다양한 사람이 있다. 그렇다 보니 고객 역시 성향들이 다양하다. 사람마다 원하는 부분이 다를 수도 있고 기분에 따라서 직원들을 불편하게 하는 고객들도 있을 것이다.

바리스타 및 직원 역시 사람이고 그러한 고객들을 만나게 되면 표정 및 행동들이 항상 긍정적이기 힘들다. 하지만 잊지 말아야 한다. 진정한 서비스인은 어떤 조건과 환경에서도 항상 미소를 잃지 않고 긍정적이고 적극적으로 임해야 한다는 것을.

이것은 무엇보다 기본이 되는 정신이며 자세가 될 것이다. 자기 자신을 희생한다는 생각과 진심된 마음으로, 항상 긍정적인 행동을 유지하게 된다면 고객 역시 그러한 모습에 감동을 받게 될 것이고 그런 사람들은 서비스업뿐만 아니라 어딜 가더라도 항상 사랑받는 사람이 될 것이다.

04 섹션별 점검사항

원활한 매장운영을 위해서는 다음과 같은 사항을 체크해야 한다.

1) 청소 및 매장 점검

- 매장 내부 청소 : 바닥, 테이블, 셀프 서비스대, 진열대 등
- 매장 외부 및 유리 청소
- 화장실 청소 및 물품 비치
- 오늘의 청소 수행
- 전기 및 전등, 온도(에어컨 가동) 확인
- 음악 선별 및 볼륨 조절
- 냉장고, 냉동고 확인

2) 에스프레소 머신 & 그라인더

- 에스프레소 기계의 스팀 확인
- 물을 흘러내려 단수 여부 확인
- 보일러 압력, 펌프 압력 확인
- 에스프레소 커피 가루 굵기 및 추출 시간 조정
- 에스프레소의 맛과 향 확인

3) POS 및 현금 관리

- 시스템 가동 및 날짜 확인
- 관련 물품 확인(영수증 롤, 고객 카드, 볼펜, 메모지 등)
- 잔돈 구성
- 시재금 확인

4) 물품 확인

- 배송 물품의 양, 정확성 확인
- 모든 물품의 부족분 확인, 주문
- 에스프레소용 커피(레귤러 & 디카프)
- 컵, 뚜껑, 컵 홀더 등
- 부자재 확인(우유, 소스, 시럽, 휘핑크림, 얼음, 아이스티 등)
- Bar기물 확인 및 보충(샷 글라스, 스팀 피처, 온도계, 스푼 등)
- 셀프 서비스대의 물품 채우기(물, 설탕, 빨대, 냅킨 등)

5) 베이커리 정리 및 확인

- 쇼 케이스 내부 상품 보충 및 배열
- 유통 기한 확인
- 케이크 박스 및 포장재 확인
- 쇼 케이스 온도 확인

6) 직원

- 아침 미팅 실시
- 출근 처리 및 스케줄 확인
- 복장 및 외모 점검
- 전달사항 노트 및 게시판 뉴스 확인

시간/섹션별 체크 리스트

시간 / 섹션	Opening	Mid Time	Closing Time
POS	• 시재금 및 잔돈 준비 확인 • 상품 진열 확인 및 쇼 케이스 관리 • 롤 페이퍼 준비 및 확인 (프린터용) • POP주위 먼지 제거	• 중간 정산 • 물품 입고 정리 • 냉장고 성에 제거 • 쇼 케이스 정리	• 일일 정산 • 베이커리 케이스 및 카운터 정리 • 냉난방기 및 오븐기 청소 • 우유 발주
Bar	• 그라인더 확인 및 조정 • 에스프레소 머신 체크(추출 시간, 맛, 향, 보일러 및 펌프 압력, 계기판 확인) • Bar의 기물 확인 및 보충(샷 글라스, 스푼, 피처, 온도계, 컵 등) • 소스 및 시럽 배치대 및 로비 확인 • 유통기한 체크 및 폐기대장 작성	• 소스 및 시럽 배치대 및 로비 확인 • 잔돈, 시럽, 게시판, 스케줄 확인 • Bar 내부 청소 상태 확인 및 화장실, 쓰레기통 확인	• 그라인더 정리 및 청소(Ground Coffee 제거 및 청소) • 에스프레소 머신 청소 • 피쳐, 포터필터, 샷 글라스 정돈 • 냉장고, 싱크대, 오븐 및 주위 기계 청소 • 모든 장비 전원 차단
Back side & Floor	• 우유 배달 확인(수량, 신선도, 유통기한 등) • 냉장 온도 확인 • 휘핑크림 및 시럽, 소스 확인 및 보충 • 유리창 및 매장 앞 청소	• 매장 및 화장실 정리정돈 확인 • 출입구 및 매장 주위 청결상태 확인	• 의자, 테이블 정리 • 매장 및 계단(2층 이상 매장) 청소 • 베이커리 수량, 상태 확인(재고, 유통기한) • 보안 시설 확인

05 홍보 및 마케팅

고객이 없으면 매출도 없다. 매장을 어떻게 운영하느냐에 따라서 매장의 이미지 및 매출이 달라진다. 겉으로 보이는 간판이나 매장의 모습을 보고 사람들이 찾아오는 경우도 있겠지만 그 상태에서 안주하지 않고 홍보 및 마케팅을 해서 좀 더 활발한 운영을 해야 한다. 이러한 것들은 점주 혼자만이 아니라 점장 및 부점장, 바리스타들 역시 모두 자기 일이라 생각하고 아이디어를 내어 발전적인 모습으로 가야 한다.

매장에서 가장 많이 활용하는 방법 중의 하나가 맴버십 카드를 만들어서 포인트 및 쿠폰을 제공하는 것이다. 매장을 찾아주고 구매를 한 고객에게 포인트나 쿠폰을 지급하여 일정한 양이 되면 무료로 서비스를 해주는 방법이다. 이러한 방법은 커피 전문점뿐만 아니라 많은 매장에서 사용하고 있는 방법으로, 맴버십 카드를 통해 고객은 매장에 대한 소속감을 느낄 수 있고 조금씩 모이는 포인트 및 쿠폰을 보며 다시 방문하고 싶어지는 충동감을 느끼게 된다. 이러한 고객들의 심리를 이용하여 운영을 하게 되면 개인매장이라 하더라도 자주 오는 단골고객도 생기게 될 것이며 매출에도 많은 영향을 미칠 것이다.

다른 방법으로는 다른 사업장과 연결하여 홍보를 하는 것이다. 같은 건물이나 주위 건물에 식당이나 극장 등 다른 업종의 매장과 협력을 하여 홍보를 하는 방법이 있다. 예를 들어 같은 건물에 극장이 있다고 하면 극장과 협력을 해서 영화 관람 후 티켓을 가져오면 할인을 해준다거나 포인트 또는 쿠폰을 제공하는 등의 방법이 있다.

차별화된 아이템을 개발하라. 차별화된 아이템(메뉴, 재료, 인테리어 등)을 개발하여 그 매장하면 떠오르는 것을 만들어라. 특히 개인매장의 경우 너무 많은 메뉴는 오히려 매장운영에 방해가 될 수 있다. 메뉴의 구성을 간소화하되, 우리 매장을 각인시킬 수 있는 차별화된 메뉴개발에 신경 써라.

고객관리에 신경 써라. 신규고객을 창출하는것도 물론 중요하지만, 기존 고객을 단골로 만들어라. 단골손님은 안정정인 매출확보에 가장 중요한 요인이 된다. 고객의 입장에서 나를 알아봐주는 것은 뭔가 특별한 대접을 받는다는 느낌을 준다. 이는 재방문으로 이어진다. 단골 고객들의 방문횟수, 취향 등을 기억하고 고객에게 예상치 못한 감동을 선물하라.

이외에 매장을 운영하면서 주위의 환경이나 아이디어를 이용하여 고객유치에 신경을 쓴다면 매장의 발전에 많은 도움이 될 것이다.

[부록]

바리스타 필기 예상문제

커피의 기원, 종류 및 성분과 효과

1. 커피의 기원으로 맞지 않는 것은?

① 칼디의 전설 ② 오마르의 전설 ③ 예멘의 전설 ④ 모하메드의 전설

2. 커피의 기원 중 '칼디의 전설'과 틀린 내용은?

① 17C 파우스테 나이로니가 쓴 이야기를 바탕으로 하고 있다.
② 6~7C경 에티오피아의 목동인 '칼디'가 염소를 기르던 중 커피를 발견하였다.
③ '칼디'라는 목동이 커피를 발견하고 환자를 치료하는데 사용하였다.
④ 커피를 발견한 '칼디'는 수도승에게 전해주어 세상에 알려지게 되었다.

3. 커피의 기원 중 '오마르의 전설'과 맞는 내용은?

① '오마르'라는 수도승이 염소를 기르던 중 우연히 발견하였다.
② '오마르'가 병에 걸려 누워 있을 때 천사인 '가브리엘'이 커피를 가져다주어 효과를 보았다.
③ 6~7C경 '오마르'가 커피를 발견하여 수도승에게 전해주어 세상에 알려지게 되었다.
④ 모함을 받아 사막으로 추방받게 되었을 때 커피를 발견하고 환자를 치료하는데 효과를 보았다.

4. 커피의 기원 중 '모하메드의 전설'과 맞는 내용은?

① '모하메드'는 커피를 마시고 40명의 남자를 말안장에서 떨어뜨릴 만한 힘을 가지게 되었다.
② '모하메드'는 커피를 환자 치료용으로 사용하였다.
③ '모하메드'라는 목동이 염소를 기르던 중에 우연히 커피를 발견하게 되었다.
④ 이슬람의 수도승인 '모하메드'가 사막으로 추방을 당했을 때 커피를 발견하였다.

5. 커피의 여러 가지 기원 중 현재 가장 널리 알려지고 신빙성이 있는 기원은?

① 모하메드의 전설 ② 칼디의 전설 ③ 오마르의 전설 ④ 예멘의 전설

6. 900년도 경에 커피를 의학적으로 이용했던 아랍의 의사 이름은?

① 칼리 ② 아비세나 ③ 모하메드 ④ 라제스

7. 1000년도 경에 커피의 약리에 대해 기술한 아랍의 철학자이자 의사의 이름은?

① 칼리 ② 아비세나 ③ 모하메드 ④ 라제스

8. 900~1000년도 경 문헌에 사용되었던 커피의 이름으로 알맞은 것은?

① Coffee ② Coffea Arabica ③ Coffea Canephora ④ Bunca / Bunchum

9. 이슬람 문화권에 커피를 음료로 자리매김을 하는데 기여한 나라의 이름은?

① 오스만 튀르크 ② 네덜란드 ③ 프랑스 ④ 인도

10. 커피의 메카로 불리며 이슬람 문화권 나라에서 유일하게 커피가 유동되던 항구의 이름은?

① 아덴 항 ② 인도 항 ③ 모카 항 ④ 칙마갈거

11. 이슬람 문화권에 존재하던 커피를 유럽인들이 경험을 할 수 있게 되었던 사건은?

① 보스턴 차 사건 ② 십자군 전쟁 ③ 아관파천 ④ 백년 전쟁

12. 다음 내용 중 틀린 내용은?

① 십자군 전쟁으로 인해 유럽에서 커피를 처음 접하게 되었다.
② 최초로 합법적으로 계약을 맺어 커피 수입을 한 나라는 네덜란드다.
③ 유럽에 커피가 유입되었을 당시 처음부터 유행을 하였다.
④ 커피의 기원 중 가장 신뢰성을 가지는 기원은 '칼리의 전설' 이다.

13. 최초로 합법적인 계약으로 커피를 수입했던 나라는?

① 네덜란드 ② 프랑스 ③ 영국 ④ 독일

14. 인도에서 처음으로 커피를 전파한 인도의 이슬람 승려의 이름은?

① 라제스 ② 아비세나 ③ 바바부단 ④ 크레모노시

15. 인도에서 맨 처음 커피를 심어 재배를 시작한 지역의 이름은?

① 모카 ② 칙마갈거 ③ 로마 ④ 베네치아

16. 다음 중 맞는 내용을 고르시오.

① 유럽의 나라 중 최초로 합법적인 계약으로 커피를 수입을 한 나라는 이탈리아다.
② 1600년경 이슬람 승려인 칼리가 성지순례를 다녀오면서 인도로 커피종자를 숨겨왔다.
③ 네덜란드는 커피를 대량으로 재배하기 위하여 식민지 나라인 실론에서 재배를 시작하였으나 실패하였다.
④ 아메리카 대륙에 처음 커피가 소개된 지역은 멕시코다.

17. 다음의 커피 종류 중 성격이 다른 하나는?

① 코페아 아라비카 ② 코페아 카네포라 ③ 루왁 커피 ④ 코페아 리베리카

18. 코페아 아라비카의 설명 중 틀린 내용은?

① 중 · 남미 지역에서 생산될 뿐만 아니라 아프리카, 아시아 등 커피 생산권 전 지역에서 생산된다.
② 주위환경에 민감해서 병충해에 약하며, 특히 열에 약하다.
③ 원산지는 에티오피아이며 평균기온이 20℃ 전후인 온화한 기후에서 잘 자란다.
④ 보통 해발 0~800m 고도에서 잘 자란다.

19. 코페아 카페포라의 설명 중 틀린 내용은?

① 흔히 사람들에게 로부스타라고 불린다.
② 대체적으로 향기도 아라비카에 비해 뛰어나고 쓴맛이 약해서 그 자체를 원두로 사용한다.
③ 아라비카에 비해 종자가 강하여 병충해 및 열악한 환경에서도 잘 자란다.
④ 콩고에서 유래가 되었으며 보통 0~800m 고도에서 잘 자란다.

20. 코페아 리베리카의 설명 중 맞는 내용은?

① 흔히 사람들에게 로부스타라고 불린다.
② 커피의 종류 중 전체의 70%를 차지하며 가장 대중적이다.
③ 콩고가 원산지이며 가격이 저렴해 다른 커피와 배합하거나 인스턴트 커피를 제조하는데 사용한다.
④ 아프리카의 라이베리아가 원산지이며, 커피 전체의 2~3%를 차지할 정도로 미미하게 생산된다.

21. 커피의 성분으로 아닌 것은?

① 우레아 산 ② 카페인 ③ 칼륨 ④ 니아신

22. 커피의 대표적인 성분으로 혈압상승 억제 및 각성 효과를 나타내는 성분은?

① 폴리페놀 ② 불포화 지방산 ③ 니아신 ④ 카페인

23. 카페인의 효능, 효과로 맞지 않는 것은?

① 혈압상승, 동맥경화를 억제한다.
② 각성 효과 및 집중력 상승 효과가 있다.
③ 이뇨작용으로 인하여 숙취를 해소하는데 도움을 준다.
④ 커피를 마시면 뇌종양이 빠르게 전이되는데 영향을 준다.

24. 벤젠의 수소원자 하나가 히드록시기로 치환된 것으로 항산화 기능을 나타내는 성분은?

① 카페인 ② 니아신 ③ 폴리페놀 ④ 지방산

25. 비타민 B3라고 알려져 있는 수용성 비타민으로 다이어트에 효과를 주는 성분은?

① 카페인 ② 니아신 ③ 클로로젠산 ④ 탄닌

26. 함유량은 약 12~16%로 커피의 향과 가장 깊은 관계가 있는 성분은?

① 카페인 ② 니아신 ③ 지방 ④ 클로로젠산

27. 쓴맛 성분으로 활성산소를 제거하고 동맥경화를 예방하는 성분은?

① 카페인 ② 니아신 ③ 지방 ④ 탄닌

28. 커피의 성분 및 효능 · 효과로 틀린 것은?

① 생두의 조성으로는 지방이 약 60%를 차지하며 탄수화물이 약 30%, 단백질이 약 13%를 차지한다.
② 카페인은 혈압상승 억제, 각성 효과 및 집중력 상승 효과가 있다.
③ 니아신은 비타민 B3라고 알려진 수용성 비타민으로 다이어트에 도움을 준다.
④ 지방은 향과 가장 깊은 관계가 있는 성분으로 함유량은 약 12~16%이다.

29. 커피의 성분 및 효능 · 효과로 맞는 것은?

① 폴리페놀은 진통제의 효과를 약 40% 높여줄 뿐만 아니라 편두통 치료에 사용되기도 한다.
② 지방은 쓴맛을 내는 성분으로 동맥경화를 예방한다.
③ 클로로젠산은 폴리페놀 화합물의 일종이며, 커피콩 특유의 착색 원인물질이다.
④ 로스팅 시 커피에 윤기를 내는 것은 포화지방산이다.

30. 다음은 커피의 품종에 관하여 설명한 것이다. 바르게 연결된 것을 고르시오.

> 세계에는 60여 종의 커피가 있는데, 그 중 가장 많이 재배되고 있는 것이 (A)종과 (B)종이다. (A)종은 전 세계 커피 생산의 약 75%를 차지하며, 아로마(aroma), 바디(body), 부드러움(smooth), 새콤함(acidity), 초콜릿 맛(chocolate taste)이 다른 종에 비해 풍부하다. (B)종은 강한 생명력을 가진 품종으로 병의 저항력이 강하고 거칠며(harsh), 쓴맛(bitter)이 강하여 대부분 인스턴트 커피에 많이 사용된다.

① A-아라비카, B-로부스타 ② A-아라비카, B-리베리카
③ A-리베리카, B-로부스타 ④ A-로부스타, B-아라비카

31. 커피에 함유된 카페인의 역할이 아닌 것은?

① 중추신경계의 자극을 통한 각성 효과 ② 신장의 혈액량 증가에 의한 이뇨 효과
③ 위액분비 저하 효과 ④ 다이어트 효과

32. 원산지 에티오피아로부터 최초로 커피가 전파되어 경작된 나라는?

① 인도 ② 인도네시아 ③ 예멘 ④ 브라질

33. 커피나무의 생육 조건에 대한 설명으로 맞는 것은?

① 아라비카종은 로부스타종에 비해 뿌리가 깊어 가뭄에 더 강하다.
② 커피 벨트(커피 존)는 위도를 중심으로 한 남, 북위 40° 사이이다.
③ 일반적으로 저지대에서 재배되는 커피나무일수록 생산량이 적다.
④ 커피 재배에 적합한 토양은 배수가 잘되는 약 알칼리성 토양이 적합하다.

34. 모카(Mocha)의 의미로 적당치 않은 것을 고르시오.

① 예멘과 에티오피아에서 생산되는 커피의 총칭
② 초콜릿 혹은 초콜릿이 들어간 음료에 붙이는 이름
③ 예멘의 항구 이름
④ 인도네시아 자바에서 생산된 커피

35. 생두의 밀도에 대한 설명 중 옳게 설명한 것은?

① 밀도가 높을수록 커피의 맛과 향이 풍부하다.
② 생두 크기가 클수록 밀도가 높다.
③ 고지대에서 재배된 커피나무는 저밀도의 생두를 생성한다.
④ 생두의 밀도가 높을수록 커피 로스팅은 쉬워진다.

커피의 재배 및 가공

36. 커피 벨트 또는 커피 존의 설명으로 틀린 것은?

① 적도를 중심으로 남위 25~북위 25도 내의 열대 아열대기후에 속하는 지역이다.
② 국제법으로 오직 커피 벨트에 포함되는 나라에서만 커피를 재배할 수 있다.
③ 커피는 아무 곳에서 잘 자라지 못하고 온도가 높고 강수량이 높은 아열대 기후에서 잘 자란다.
④ 커피 벨트에 속하는 나라는 브라질, 페루, 멕시코, 코스타리카 등 여러 나라가 있다.

37. 적도를 중심으로 남위 25~북위 25도 내의 지역을 말하며 커피재배에 좋은 조건을 가진 지역을 뜻하는 말은?

① 커피 벨트 ② SCAA ③ WBC ④ 커피재배 지역

38. 커피나무가 잘 자라기에 좋은 환경의 토양으로 틀린 것은?

① 유기성이 풍부한 화산재 토양이 커피가 잘 자란다.
② 화성암의 풍화에 의해 형성된 부식토 함량이 높은 토양이다.
③ 습기가 적당히 있고 물이 잘 빠지는 비옥한 토양이 가장 좋다.
④ 토양에 질소, 인소 등이 다량 함유되어 있으면 커피나무가 자라기에 힘든 환경이다.

39. 브라질에서 유명하며 질소, 인산, 석회 등이 다량 함유된 커피재배의 안성맞춤인 토질의 명칭은?

① 테라로사 ② 부엽토 ③ 펄라이트 ④ 피머스트

40. 고지대에서 자란 커피일수록 고품질을 가지고 있다. 그 이유로 틀린 것은?

① 일교차가 크기 때문에
② 꽃이 피고 열매를 맺기까지의 시간이 길기 때문에
③ 육질이 연해져서 조직이 부드러워지기 때문에
④ 향기와 산미가 우수하기 때문에

41. 커피의 수확으로 틀린 내용은?

① 아라비카종의 경우에는 꽃이 지고 난 뒤 6~8개월이 지난 후에 열매가 익기 시작한다.
② 사람이 직접 잘 익은 열매만을 선별하여 손으로 직접 따는 방식을 핸드 피킹이라고 한다.
③ 스트리핑 방식은 기계를 이용하여 수확하는 방식으로 나뭇가지 채 훑어 내려서 수확하는 방법이다.
④ 사향 고양이를 이용하여 수확한 커피를 루왁 커피라고 하며 상당히 고가에 속한다.

42. 핸드 피킹의 설명으로 틀린 내용은?

① 사람이 직접 수확하는 방법으로 잘 익은 열매만을 선별하여 수확한다.
② 잘 익은 열매만을 수확하기 때문에 좋은 품종의 커피를 생산할 수 있다.
③ 수확 속도가 늦기 때문에 요즘에는 거의 보기 힘든 사라진 수확 방법이다.
④ 보통 1주일 간격으로 수확을 하여 좋은 품질의 커피 열매를 수확한다.

43. 스트리핑 수확 방법에 대해 맞는 내용은?

① 직접 잘 익은 열매만을 선별하여 손으로 직접 수확하는 방식이다.
② 기계를 이용하여 대량으로 수확하는 방식이다.
③ 잘 익은 열매만을 골라먹는 동물을 이용하여 수확하는 방식이다.
④ 손으로 수확을 하며 가지 전체를 훑어 내려서 수확하는 방식이다.

44. 메커니컬 피킹에 대해 틀린 내용은?

① 기계를 이용하여 대량으로 수확이 가능하다.
② 한 가지에 70% 정도가 익었을 때 이 방법을 사용한다.
③ 안 익은 열매들도 같이 수확되기 때문에 커피 품질에 영향을 미친다.
④ 수확시간은 단축시키지만 기계를 사용하기 때문에 노동력 및 인건비가 많이 든다.

45. 커피를 수확하는 방법 중에 동물을 이용하여 수확하는 방법이 있다. 다음 중 맞는 내용은?

① 커피나무에 동물을 데려가면 동물이 잘 익은 커피를 물어 와서 수확한다.
② 사향 고양이를 이용한 커피를 루왁 커피라고 한다.
③ 동물을 이용하기 때문에 청결 상 문제가 있어서 저가에 유통이 된다.
④ 다른 방법과 특별한 방식이기 때문에 전 세계 곳곳에서 많이 이용되는 방식이다.

46. 커피의 가공에 대해 다음 중 맞는 내용은?

① 습식법은 물을 이용한 방법으로 가공 방법 중 가장 오래된 방법이다.
② 세미 워시드 방식은 발효과정이 일어나서 맛과 향이 좋다.
③ 펄프드 내추럴 방식은 물로 과육을 모두 벗겨내어 가공하는 방법이다.
④ 건조법은 가장 오래된 방법이며 수확 후에 커피를 넓은 곳에 펼쳐 햇빛으로 건조를 한다.

47. 커피의 가공 중 자연건조 방식 · 건조법에 대한 설명 중 틀린 내용은?

① 가장 오래된 방식이며 물이 부족한 국가나 햇빛이 좋은 지역에서 사용한다.
② 보통 건조는 5~10일 정도 하며 건조 후에 수분 함유량이 11~13%가 되면 수거를 한다.
③ 열매의 껍질과 과육을 벗겨낸 상태에서 건조를 한다.
④ 건조를 하는 동안 골고루 건조를 하기 위하여 규칙적으로 써레질을 해 주어야 한다.

48. 커피의 가공 방식 중 세척 방식 · 습식법에 대해 맞는 내용은?

① 가장 오래되었으며 자연 햇빛을 이용하여 커피를 건조하는 방법이다.
② 수확한 후에 물로 씻고 과육이 남아 있는 파치먼트 상태로 건조하는 방법이다.

③ 물을 사용하는 방식으로 발효는 일어나지 않는다.
④ 열매의 껍질과 과육을 벗겨낸 상태에서 건조를 한다.

49. 커피의 가공 방식 중 세미 워시드 방식의 설명으로 맞는 것은?

① 세척 방식과 거의 유사하지만 발효를 하지 않는 차이점이 있다.
② 파치먼트 상태로 건조시킨다.
③ 수확한 후에 자연 햇빛을 이용하여 건조하는 방법이다.
④ 비가 많이 오는 지역에서 하는 방법으로 열풍을 이용하여 건조하는 방법이다.

50. 커피의 가공 방식 중 펄프드 내추럴 방식으로 맞는 내용은?

① 수확한 후에 자연 햇빛을 이용하여 건조하는 방법이다.
② 세척 방식과 거의 유사하지만 발효를 하지 않는 차이점이 있다.
③ 세미 워시드 방식과 비슷하지만 과육이 남아 있는 상태로 건조하는 차이점이 있다.
④ 보통 건조는 5~10일 정도 하며 건조 후에 수분 함유량이 11~13%가 되면 수거를 한다.

51. 다음은 커피를 수확하는 핸드 피킹 방식을 설명한 것이다. 옳지 않은 것을 고르시오.

① 잘 익은 체리만을 손으로 직접 따는 방법으로 selective picking이라고 한다.
② 익지 않은 체리는 남겨두었다가 다 익으면 다시 수확을 하는데 보통 1주일 간격을 두고 시행한다.
③ 노동력 손실이 많다는 단점은 있으나 고품질의 커피를 생산할 수 있다는 면에서 바람직하다.
④ 브라질에서 주로 사용하고 한 나무에 체리가 약 75% 정도 익었을 때 한꺼번에 수확한다.

52. 커피체리를 수확하는 방법 중 스트리핑에 대한 설명이 틀린 것은?

① 핸드 피킹 방법보다 수확시간을 단축할 수 있다.
② 핸드 피킹 방법에 비해 인건비 부담이 적다.
③ 나뭇잎, 나뭇가지 등의 이물질이 섞일 가능성이 크다.
④ 습식 가공 방식 커피(Washed coffee)를 생산하는 지역에서 주로 사용하는 수확 방법이다.

53. 다음은 생두의 품질을 평가하는 기준을 설명한 것이다. 틀린 내용은?

① 색상은 청록색(Blue green)을 띨수록 고급이다.
② 결점 수가 작을수록 고급이다.
③ 평탄하고 온난한 지역에서 자란 커피가 고급이다.
④ 생두는 일반적으로 클수록 고급이고 가격도 비싸다.

54. 커피 재배조건에 대한 설명 중 틀린 것은?

① 유기질이 풍부한 화산성 토양이 적당하다.
② 배수가 잘되는 지역이 적합하다.
③ 지역에 관계없이 표고가 높을수록 재배 적지이다.
④ 수확 시점에선 건조한 기후가 필요하다.

55. 다음 중 커피 이름과 생산지가 올바르게 연결된 것은?

① 에티오피아 – 시다모(Sidamo)
② 케냐 – 킬리만자로(Kilimanjaro)
③ 콜롬비아 – 만델링(Mandhelling)
④ 코스타리카 – 산토스(Santos)

배전(Roasting)

56. 다음 중 로스팅에 대한 설명으로 틀린 내용은?

① 가공된 생두에 열을 가해 볶아내는 것을 로스팅이라고 한다.
② 로스팅은 배전 강도에 따라 크게 약 배전, 중 배전, 강 배전으로 나뉜다.
③ 로스팅의 원리는 전도, 대류, 복사에 의한 열전달에 있다.
④ 로스팅을 실시하는 과정 중 수분 및 산소가 증발되고 부피가 줄어든다.

57. 로스터기의 종류 중 직화식 로스터에 대한 설명으로 맞는 내용은?

① 가장 보편적인 방법으로 불로 직접 배전을 하는 것이다.
② 팬이나 모터를 이용하여 고온의 연소가스를 불어넣어 2중으로 배전하는 방식이다.
③ 일본에서 처음 개발되었으며 숯이 발하는 원적외선이 생두의 내부를 가열한다.
④ 복사된 고온의 열풍을 이용하여 배전하는 방식이다.

58. 로스터기의 종류 중 반열풍식 로스터에 대한 설명으로 맞는 내용은?

① 현대 과학을 이용한 방법으로 전기를 이용하여 커피를 로스팅한다.
② 직화식 로스터의 변형으로 드럼의 몸체에 구멍을 뚫어 고온의 연소가스를 주입시킨다.
③ 원통형 드럼 안에 생두를 넣고 열을 주어 드럼 표면의 열로 로스팅을 하는 것이다.
④ 숯의 원적외선을 이용한 방법으로 고유의 향을 가질 수 있다.

59. 로스터기의 종류 중 열풍식 로스터에 대한 설명으로 맞는 내용은?

① 1970년대 일본에서 개발되었으며 숯의 원적외선을 이용하여 로스팅을 한다.
② 원통형 드럼 안에 생두를 넣고 열을 가해 로스팅을 하는 방법이다.
③ 직화식 로스터의 변형으로 드럼의 몸체에 구멍을 뚫어서 고온의 연소가스를 주입시킨다.
④ 복사된 고온의 열풍을 이용하는 방법으로 균일하게 로스팅이 가능하고 시간도 효율적이다.

60. 다음 중 블렌딩에 대한 설명으로 틀린 내용은?

① 특성이 다른 2가지 이상의 생두를 섞어서 새로운 향과 맛을 찾는 것을 블렌딩이라고 한다.
② 최초의 블렌딩 커피는 모카 자바로 알려져 있다.
③ 블렌딩은 단순히 생두를 섞는 것이기 때문에 누구나 실시할 수 있다.
④ 블렌딩의 비율이나 생두의 종류는 각 기업의 비밀로 쉽게 공개하지 않는다.

61. 다음은 로스팅에 관한 내용이다. 바르게 설명된 것은?

① 생두가 열을 계속 흡수하면 조직이 수축하고 색상은 푸른색으로 변한다.
② 생두의 탄수화물, 지방, 단백질, 유기산 등은 화학반응을 일으켜 커피의 맛과 향기 성분으로 변화된다.
③ 프렌치 로스팅은 원두가 계피색을 띄며 신맛이 뛰어나다.
④ 일반적으로 맛에 힘을 주는 강한 커피를 원하면 약하게 로스팅을 한다.

62. 다음은 로스팅에 의한 커피콩의 변화를 설명한 것이다. 틀린 내용은?

① 갈변화 현상이 일어난다. ② 부피가 늘어난다.
③ 밀도가 커진다. ④ 수분 함량이 감소한다.

63. 생두를 로스팅하면 가장 많이 소멸되는 성분은?

① 단백질 ② 수분 ③ 카페인 ④ 지방

64. 로스팅 전 로스터가 생각하지 않아도 되는 것은?

① 로스터기의 용량과 생두 투입량에 맞는 투입온도 결정
② 올바른 Green Bean의 평가
③ 로스팅 포인트 즉 Roasting Target의 결정
④ 원두 부피의 감소율

커피 추출

65. 다음 중 분쇄에 대한 설명으로 틀린 내용은?

① 그라인딩은 단순히 원두를 갈아주는 것으로 커피의 품질에 영향을 주지 않는다.
② 그라인딩을 실시한 커피의 추출 시간에 영향을 준다.
③ 그라인딩 후 원두의 입자가 굵으면 추출 시간이 빠르다.
④ 그라인딩 후 원두의 입자가 가늘면 추출 시간이 느리다.

66. 다음 중 분쇄에 대한 설명으로 맞는 내용은?

① 그라인딩 후 원두의 입자가 굵으면 추출이 느려지게 된다.
② 그라인딩은 단순히 원두를 갈아주는 것으로 커피의 품질에 영향을 주지 않는다.
③ 같은 양의 물을 사용하여 추출을 하더라도 입자의 굵기에 따라 추출 시간이 달라진다.
④ 그라인딩 후 원두의 입자가 가늘면 추출이 빨라지게 된다.

67. 다음 중 추출에 관하여 틀린 내용을 고르시오.

① 추출이란 오직 에스프레소 머신을 이용하여 커피를 만드는 것을 말한다.
② 추출은 방법에 따라 여러 가지로 나뉠 수 있다.
③ 시대별, 국가별로 추출 방법에는 차이가 있고 그에 따른 특징이 있다.
④ 터키식 커피 추출 방법은 세계에서 가장 오래된 추출법으로 알려져 있다.

68. 가장 자연적인 방법으로 중력을 이용한 추출 방법은?

① 프렌치 프레스 ② 핸드 드립 ③ 모카 포트 ④ 사이펀

69. 세계에서 가장 오래되었으며 미지근해졌을 때 더욱 부드럽고 진한 향이 나는 추출 방법은?

① 핸드드립 ② 프렌치 프레스 ③ 터키식 커피 ④ 사이펀

70. 맛과 향의 손실을 줄이고 좋은 커피를 추출할 수 있으나 커피가루가 좀 남게 되는 추출 방법은?

① 핸드 드립 ② 프렌치 프레스 ③ 모카 포트 ④ 사이펀 방식

71. 증기의 압력과 물의 삼투압을 이용하는 진공식 추출 방식은?

① 핸드 드립 ② 모카 포트 ③ 프렌치 프레스 ④ 사이펀 방식

72. 에스프레소 방식에 가장 가까운 방식으로 '카페띠에라' 라는 이름으로 불리는 추출 방식은?

① 핸드 드립 ② 에스프레소 추출 ③ 프렌치 프레스 ④ 모카 포트

73. 현재 가장 대중화되어 있으며 '크레마' 라는 특징을 가지는 추출 방식은?

① 핸드 드립 ② 사이펀 방식 ③ 프렌치 프레스 ④ 에스프레소 추출

74. 핸드 드립 추출법에 대해 맞는 설명은?

① '크레마' 라는 특별한 성분을 나타낸다.
② 가장 자연적인 방법으로 중력을 이용한 추출법이다.
③ 이탈리아에서는 '카페디에라' 라는 이름으로 불린다.
④ 일본을 거치면서 사이펀 방식으로 알려져 있다.

75. 터키식 커피에 대해 맞는 설명은?

① 가장 자연적인 방법으로 중력을 이용한 추출법이다.
② 이탈리아에서는 '카페디에라' 라는 이름으로 불린다.
③ '크레마' 라는 특별한 성분을 나타낸다.
④ 세계에서 가장 오래된 추출법으로 이브릭 추출이 여기에 속한다.

76. 프렌치 프레스에 대해 맞는 설명은?

① 세계에서 가장 오래된 추출법으로 이브릭 추출이 여기에 속한다.
② 가장 자연적인 방법으로 중력을 이용한 추출법이다.
③ 맛과 향의 손실을 줄이고 좋은 커피를 추출할 수 있으나, 커피가루가 깨끗하게 걸러지지 않는다.
④ 이탈리아에서는 '카페디에라' 라는 이름으로 불린다.

77. 진공 튜브 방식에 대해 맞는 설명은?

① 증기의 압력과 물의 삼투압을 이용하는 진공식 추출 방식으로 사이펀 방식이라고도 불린다.
② 맛과 향의 손실을 줄이고 좋은 커피를 추출할 수 있으나, 커피가루가 깨끗하게 걸러지지 않는다.
③ 이탈리아에서는 '카페디에라' 라는 이름으로 불린다.
④ 세계에서 가장 오래된 추출법으로 이브릭 추출이 여기에 속한다.

78. 모카 포트에 대해 맞는 설명은?

① 이탈리아에서는 '카페디에라' 라는 이름으로 불린다.
② 맛과 향의 손실을 줄이고 좋은 커피를 추출할 수 있으나, 커피가루가 깨끗하게 걸러지지 않는다.

③ 증기의 압력과 물의 삼투압을 이용하는 진공식 추출 방식으로 사이펀 방식이라고도 불린다.
④ 가장 자연적인 방법으로 중력을 이용한 추출법이다.

79. 에스프레소 추출 방식에 대해 맞는 설명은?

① 맛과 향의 손실을 줄이고 좋은 커피를 추출할 수 있으나, 커피가루가 깨끗하게 걸러지지 않는다.
② 증기의 압력과 물의 삼투압을 이용하는 진공식 추출 방식으로 사이펀 방식이라고도 불린다.
③ 이탈리아에서는 '카페디에라' 라는 이름으로 불린다.
④ '크레마' 라는 특별한 성분을 구할 수 있고 증기압을 이용하여 추출하는 방식이다.

80. 커피를 그라인딩하는 이유 중 가장 타당한 것은?

① 포터필터에 채우는 커피의 양을 늘리기 위하여
② 커피 유용 물질의 추출을 위한 물과의 접촉을 늘리기 위하여
③ 커피의 추출을 위한 도징을 용이하게 하기 위하여
④ 커피의 향미성분(아로마, 플래버)을 증가시키기 위하여

81. 여러 가지 추출방법에 대한 설명으로 틀린 것은?

① 모카 포트 – 이탈리아 가정에서 많이 사용되며 수증기압을 이용하여 추출한다.
② 핸드드립 – 드립퍼(Dripper)와 종이 필터를 사용하는 추출 방법
③ 프렌치프레스 – 저온으로 커피를 추출하는 방식으로 카페인이 용해되기 어렵다.
④ 사이폰 – 진공식 추출방법으로 향미 성분을 추출하는 방법이다.

82. 추출을 위한 분쇄 방법 중 틀린 설명은?

① 선택한 추출 방법에 알맞은 분쇄 입자를 선택해야 한다.
② 분쇄 입자의 크기가 균일해야 양질의 성분을 일정하게 추출할 수 있다.
③ 미분이 많이 함유되어 있을 때 좋은 맛의 커피를 추출할 수 있다.
④ 적합한 분쇄는 양질의 원두, 적절한 로스팅, 올바른 추출법과 함께 좋은 커피를 얻기 위한 중요한 요소이다.

에스프레소의 이해

83. 다음 중 에스프레소의 설명에 대해 틀린 내용은?

① 사전적 의미로는 공기를 압축하여 뽑아낸 커피를 데미타세 잔에 마시는 이탈리안 정통 커피를 말한다.

② 이탈리아어로 '빠르다' 라는 뜻을 가지고 있다.
③ 에스프레소는 반드시 20초 동안 30ml를 추출해야만 한다.
④ 에스프레소를 추출하면 '크레마' 라는 특징적인 성분이 발견된다.

84. 이탈리아어로 '빠르다' 는 뜻을 가지며 압력을 이용하여 짧은 시간에 커피를 추출한 커피액의 이름은?

① 아메리카노 ② 카푸치노 ③ 캐러멜 마끼야또 ④ 에스프레소

85. 에스프레소의 역사 설명 중 맞는 내용은?

① 최초로 에스프레소 머신을 만든 사람의 이름은 '나피어' 이다.
② 압력을 이용하여 커피를 추출하는 방식은 1938년 '크레모노시' 에 의해 개발되었다.
③ '크레모노시' 가 세상을 떠난 후 '파보니' 가 특허권을 손에 넣어 커피머신 회사를 설립하였다.
④ 1901년 이탈리아 밀라노의 '가지아' 가 에스프레소라는 단어를 처음 사용하였다.

86. 사이펀 방식의 원형이라고 할 수 있는 진공 추출기를 처음 만든 사람은 누구인가?

① 나피어 ② 데상테 ③ 베제라 ④ 크레모노시

87. 1855년 파리 만국박람회에서 처음 출품되었던 증기기관을 갖춘 머신을 고안한 사람은 누구인가?

① 나피어 ② 데상테 ③ 가지아 ④ 파보니

88. 1901년 증기압을 이용해서 커피 기계의 특허를 얻어낸 사람은 누구인가?

① 나피어 ② 데상테 ③ 베제라 ④ 크레모노시

89. 자신이 만든 기계에서 나오는 커피를 '카페 에스프레소' 라는 단어를 사용하여 에스프레소라는 단어를 세상에 알린 사람은 누구인가?

① 나피어 ② 데상테 ③ 베제라 ④ 크레모노시

90. 1903년 베제라의 특허권을 손에 넣어 1905년부터 커피 기계를 만든 사람의 이름은?

① 크레모노시 ② 나피어 ③ 가지아 ④ 파보니

91. 1938년 최초로 피스톤 펌프의 압력으로 물을 끓이지 않고 커피를 추출하는 방식을 개발한 사람은?

① 크레모노시　② 나피어　③ 가지아　④ 파보니

92. 크레모노시의 피스톤 펌프 방식의 특허를 손에 넣어 레버 피스톤식 머신으로 개량한 사람은?

① 나피어　② 가지아　③ 파보니　④ 데상테

93. 피스톤 방식의 에스프레소 머신의 개발로 생겨난 물질로 '천연 커피 크림'이라고 불리던 물질은?

① 아메리카노　② 크레마　③ 바리스타　④ Faema E71

94. 다음 중 크레마의 설명으로 틀린 내용은?

① 에스프레소 추출 시 7~9Bar의 압력으로 밀어내어 생기는 황금, 갈색의 크림이다.
② 원두에서 나오는 아교질과 섬세한 커피오일의 결합체다.
③ 에스프레소의 백미라고 불리며 표면에 얇은 층을 이루고 있다.
④ 단순히 에스프레소 추출 시 나오는 물질로 추출 조건과는 아무런 관계가 없다.

95. 다음 중 바리스타에 관한 내용으로 틀린 내용은?

① 음료를 제조하여 판매를 하고, 고객에게 어울리는 음료 및 메뉴를 추천할 수 있는 사람이다.
② 재료의 선입 선출, 유통기한 관리 등의 능력 또한 구비하고 있어야 한다.
③ 카페나 Bar 안에서 이루어지는 모든 행위를 다 습득하고 관리할 수 있는 능력을 가진 사람을 말한다.
④ 바리스타라는 단어는 한국에서 처음 시작되는 단어로서 해외에서는 소믈리에라는 말로 통한다.

96. 에스프레소 추출 전 "물 흘려보내기" 동작에 대한 내용이다. 틀린 것은?

① 샤워망에 묻어 있을 수 있는 찌꺼기를 제거하기 위한 동작이다.
② 머신의 정상 작동여부를 확인하는 동작이다.
③ 과열되어 있을 수 있는 추출수를 제거하기 위한 동작이다.
④ 드립 트레이를 씻어내어 잔의 밑 부분 청결을 유지하기 위한 동작이다.

97. 한잔의 에스프레소를 추출하기 위한 기준으로 다음 중 틀린 것은?

① 추출하는 물의 온도 : 88~95℃　② 추출 시간 : 30~40초

③ 추출 압력 : 7~9bar ④ 분쇄된 커피의 양 : 6~7g

98. 에스프레소 추출 시 데미타세나 카푸치노용 잔에 대한 설명이다. 틀린 것은?

① 잔을 두껍게 제작하는 것은 보온성 때문이다.
② 재질은 사기잔이나 유리잔 또는 동으로 만들어진 것이 좋다.
③ 외부 컬러는 다를 수 있으나 안쪽은 화이트 색으로 처리된 것이 좋다.
④ 외부형태는 다를 수 있으나 안쪽은 U자형으로 곡선처리된 것이 좋다.

99. 에스프레소 머신의 발전 단계로 올바른 것은?

① 증기압 방식 – 진공추출 방식 – 피스톤 방식 – 전동펌프 방식
② 진공추출 방식 – 피스톤 방식 – 증기압 방식 – 전동펌프 방식
③ 증기압 방식 – 피스톤 방식 – 진공추출 방식 – 전동펌프 방식
④ 진공추출 방식 – 증기압 방식 – 피스톤 방식 – 전동펌프 방식

100. 다음은 에스프레소 메뉴에 관련된 용어들이다. 바르게 설명된 것은?

① 데마타세(Demitasse) – 더블 에스프레소를 지칭하는 이탈리아어이다.
② 프로스(Froth) – 스팀을 이용해 낸 촘촘하면서도 두터운 우유 거품을 말한다.
③ 도피오(Doppio) – 한입에 들이킬 정도로 '작은 잔의 커피' 라는 뜻의 프랑스 용어이다.
④ 리스트레또(Ristretto) – 시간을 길게 주어 추출한 쓴맛을 더 강조한 에스프레소다.

에스프레소 머신

101. 다음 중 그라인더의 구조가 아닌 것은?

① 호퍼 ② 포터필터 ③ 도저 ④ 원두 투입 레버

102. 그라인더의 구조 중 원두가 담겨지는 통의 이름은 무엇인가?

① 그룹 헤드 ② 도저 ③ 호퍼 ④ 원두 투입 레버

103. 그라인더의 구조 중 분쇄된 원두가 담겨져 있는 통의 이름은 무엇인가?

① 호퍼 ② 도저 ③ 포터필터 ④ 스팀 밸브

104. 다음 중 그라인더에 대한 설명 중 틀린 내용은?

① 에스프레소용 원두는 여러 가지 조건에 따라 변화가 심해서 자주 그라인더를 체크해 주는 것이 좋다.
② 그라인딩은 바리스타가 할 수 있는 에스프레소 제조 과정 중 맛을 결정하는 시작이자 갈림길이다.
③ 바리스타는 에스프레소 머신을 이용하여 정해진 공식으로 기계처럼 에스프레소만 잘 추출하면 된다.
④ 그라인더의 입자를 어떻게 조절하느냐에 따라서 에스프레소의 질이 달라진다.

105. 그라인더의 입자 조절에 대한 내용 중 틀린 내용은?

① 입자가 굵을수록 추출 속도가 빠르다.
② 에스프레소용 원두는 여러 가지 조건에 따라 변화가 심해서 자주 그라인더를 체크해 주는 것이 좋다.
③ 그라인더의 입자를 조절을 할 때 분쇄된 원두를 눈으로 확인하여 입자 조절을 한다.
④ 그라인딩은 에스프레소 추출에 있어 매우 중요하기 때문에 바리스타의 이해도가 상당히 중요하다.

106. 다음 설명 중 맞지 않는 내용을 고르시오.

① 에스프레소 머신은 크게 수동식, 반자동식, 자동식 3분류로 나뉜다.
② 반자동식 에스프레소 머신은 사용법이 간단하기 때문에 누가 사용하더라도 일정한 맛을 낼 수 있다.
③ 전자동 에스프레소 머신은 내부에 원두가 있기 때문에 열에 의해 변질될 수가 있다.
④ 현재 수동식 에스프레소 머신은 유통이 많이 이루어지지 않으며 대부분은 장식용으로 사용한다.

107. 반자동식 머신과 전자동 머신의 비교 설명 중 맞는 내용은?

① 전자동 머신은 누가 머신을 사용하느냐에 따라 그 맛에 차이가 커진다.
② 반자동식 머신은 설치 공간이 작으며 설치 방법 역시 편리하다.
③ 반자동식 머신은 바리스타가 원하는 대로 변화를 주어서 다양한 에스프레소를 추출할 수 있다.
④ 전자동 머신은 그라인더와 머신이 분리되어 있어 열에 의한 원두의 변화가 없다.

108. 다음 중 수동식 에스프레소 머신의 설명 중 맞는 내용은?

① 디지털 기술이기 때문에 잔고장이 많은 편이다.
② 어느 누가 추출을 하더라도 일정한 맛의 에스프레소를 추출할 수 있다.
③ 가지아의 레버를 이용한 피스톤 방식의 기계로서 물의 압력에 의해 추출하는 방식이다.
④ 그라인더가 머신 내부에 설치되어 있어 버튼 하나로 모든 동작을 실시하여 추출을 한다.

109. 다음 중 반자동식 에스프레소 머신의 설명 중 틀린 내용은?

① 청소와 소모품 교체를 적절하게 해주면 큰 고장이 없고, 수리비 역시 저렴하다.
② 바리스타가 원하는 대로 변화를 주어서 다양한 에스프레소를 추출할 수 있다.
③ 머신을 다루는 사람이 장비를 이해해야 하며 다루는 기술 등 능력이 필요하다.
④ 어느 누가 추출을 하더라도 일정한 맛의 에스프레소를 추출할 수 있다.

110. 다음 중 에스프레소 머신의 구조에 속하지 않는 것은?

① 드립 트레이 ② 스팀 밸브 ③ 그룹 헤드 ④ 호퍼

111. 다음 중 탬핑에 대해 틀린 내용은?

① 탬핑이란 포터필터에 담겨져 있는 분쇄된 커피의 수평을 맞추는 행위를 말한다.
② 탬핑은 단순히 수평을 맞추는 행위로 제품의 맛과 향에는 영향을 주지 않는다.
③ 탬핑을 할 때 사용하는 도구를 탬퍼라고 한다.
④ 태핑이란 탬핑 과정 중간에 실시를 하는데 필수 사항은 아니다.

112. 에스프레소를 추출하는데 있어서 탬핑을 하는 이유가 아닌 것은?

① 탬핑은 에스프레소를 추출하는데 가장 멋있게 보이는 동작이기 때문에
② 분쇄된 커피를 다져주어서 추출하기 용이하게 만들기 위해서
③ 수평을 맞추어야 추출 시 물이 균등하게 분포되어 2잔의 에스프레소가 같은 맛과 양을 가지게 하기 위해
④ 1컵 홀더를 사용하더라도 수평을 맞추어 한 곳에서 과다 추출이 일어나는 것을 방지하기 위해

113. 다음 중 탬핑의 방법 중 맞는 내용은?

① 1차 탬핑은 다져주는 것으로 온 몸에 힘을 실어서 실시한다.
② 태핑은 1차 탬핑 이후에 실시를 하고, 2차 탬핑 후 지저분하면 다시 한 번 더 실시한다.
③ 탬핑은 1차, 2차로 나누어지며 반드시 2번 다 실시해야 한다.
④ 탬핑은 다져주면서 수평을 맞추는 역할로 제품의 품질에 많은 영향을 미치기 때문에 중요한 과정이다.

114. 다음 중 에스프레소 머신을 구성하고 있는 요소들의 명칭과 설명 중 바른 것을 고르시오.

① 샤워 필터 – 포터 필터에 전체적으로 골고루 물을 분사시키는 역할을 한다.
② 워터 레벨 게이지 – 원통형 모양의 저장장치로 물과 스팀을 에스프레소에 필요한 적절한 온도로 가열하고 저장하는 역할을 한다.

③ 포터 필터 – 추출할 때 고온, 고압의 물이 새지 않도록 차단하는 역할을 하며, 보통 '패킹(Paking)' 이라 부른다.
④ 압력 게이지 – 보일러에 물이 얼마나 들어있는가를 표시하는 눈금으로, 보통 투명관으로 만들어져 있다.

그 밖의 요소들

115. 다음 중 에스프레소를 추출하는데 사용하는 물의 설명으로 틀린 내용은?

① 물은 크게 경수와 연수로 나누어지는데 커피를 추출하기 좋은 물은 연수가 좋다.
② 물 안에 미네랄을 많이 포함하고 있는 물을 경수, 적은 물을 연수라고 한다.
③ 지하수를 사용할 경우에는 깨끗한 물이기 때문에 커피 추출에 바로 사용 가능하다.
④ 경수를 사용하게 되면 기계 내부에 여러 물질이 흡착되어 잔고장의 원인이 될 수 있다.

116. 다음 중 우유에 대한 설명 중 틀린 내용은?

① 에스프레소를 이용한 응용메뉴를 만들 때 사용하는 대표적인 부재료이다.
② 우유 거품을 낸 후 우유와 거품이 잘 혼합된 우유를 벨벳밀크라고 한다.
③ 우유를 데울 때 환경이 여의치 않으면 일반 가스를 이용하여 끓여서 사용해도 무관하다.
④ 벨벳밀크와 관련된 우유의 성분은 지방과 단백질이다.

117. 다음 중 우유 스티밍에 대한 내용 중 틀린 내용은?

① 에스프레소 머신에 있는 스팀 노즐은 스팀이 지나가는 통로 역할과 우유의 온도를 올리는 역할을 한다.
② 스팀이 분사되면 주위의 공기가 스팀의 압력으로 인해 스팀을 따라 우유 안으로 들어간다.
③ 우유의 성분 중 지방과 단백질이 거품을 생성하는데 관여한다.
④ 에스프레소 머신에서 분출된 스팀이 직접 우유의 성분들과 결합하여 거품을 생성한다.

118. 우유 스티밍의 원리 및 방법 중 틀린 내용은?

① 거품은 스팀을 따라 들어가는 공기가 유입되어 생기는 것이다.
② 우유의 온도는 스팀의 온도로 올라가는 것이 아니라 스팀 노즐의 온도로 올라가는 것이다.
③ 팁을 너무 깊게 담그면 스팀을 따라서 유입될 수 있는 공기가 없어서 거품이 거의 생성되지 않고, 스팀 노즐의 접촉 면적이 많기 때문에 거품은 생성되지 않는 상태에서 우유의 온도가 빠르게 올라간다.

④ 우유 스티밍의 역할은 거품을 내는 것과 동시에 우유 내부의 유해물질을 멸균하는 역할도 가지고 있다.

119. 다음의 설명 중 맞는 내용은?

① 우유의 거품은 스팀에 의해 생성되기 때문에 처음에 깊숙이 담가서 충분히 거품이 생성될 수 있도록 한다.
② 우유의 온도가 올라가는 원리는 스팀의 온도가 우유를 데워서 온도를 올리는 것이다.
③ 우유가 데워지기만 하면 되기 때문에 시간이 촉박한 상황에서는 우유가 들어 있는 종이 팩을 그대로 사용하여 거품을 내어도 무관하다.
④ 우유의 주성분인 지방과 단백질은 75~80℃ 이상의 온도에서 변질되기 때문에 그 전에 스티밍을 완료하여야 한다.

120. 우유 거품 만들기의 방법 중 옳지 못한 내용은?

① 스팀 노즐 사용 전에 밸브를 열어서 내부에 있는 스팀을 분사시킨 후 사용을 한다.
② 우유는 피처의 30~40% 정도의 용량이 좋고 차갑지 않은 우유는 온도가 빨리 올라가기 때문에 피하도록 한다.
③ 우유를 데우기 시작하면 우유의 부피가 증가하는데 피처를 조금씩 아래로 내려주어 적당한 위치를 유지할 수 있도록 한다.
④ 사용 전에 어차피 밸브를 열고 난 뒤 실시하기 때문에 벨벳우유를 다 만들고 난 후에는 스팀 노즐을 그대로 놔두어도 무관하다.

121. 다음 중 휘핑에 대한 설명 중 틀린 내용은?

① 카페모카, 에스프레소 콘파나 등 에스프레소를 이용한 커피 음료를 만들 때 사용한다.
② 맛을 내기 위해 실시하지만 시각적으로 즐거움을 주기 위해 실시하기도 한다.
③ 휘핑의 재료로는 우유이며 질소가스와 우유와의 혼합물로 사용을 한다.
④ 제품 위에 휘핑을 한 후 다양한 재료 및 데코레이션을 이용하여 더욱 더 좋은 시각적 효과를 줄 수 있다.

122. 스무디 같은 차가운 음료를 만들 때 사용하며 얼음을 분쇄하는데 사용하는 것은?

① 제빙기 ② 블렌더 ③ 그라인더 ④ 휘핑기

123. 우유를 약간 데워 주면서 교반시키면 거품이 일어난다. 이와 관련된 현상 중에서 맞게 설명한 것은?

① 우유를 데워 주면 우유의 표면 장력이 높아진다.

② 우유는 순수한 물보다 표면장력이 높다.
③ 탈지유는 전유보다 거품이 더 잘 일어난다.
④ 우유의 성분 중 하나인 단백질은 거품의 형성을 용이하게 한다.

124. 우유를 가열함으로써 일어나는 변화 중에서 틀리게 설명한 것은?

① 우유에 가스가 더 많이 발생한다.
② 칼슘의 일부는 용액상태에서 콜로이드 상태로 이전된다.
③ 효소가 불활성화된다.
④ 황화수소가 발생한다.

125. 다음은 커피를 추출하는 물에 대한 내용이다. 바르게 설명된 것은?

① 물에 녹아 있는 철이나 동 같은 금속 성분은 커피의 맛을 한층 풍부하게 해준다.
② 수돗물을 직접 쓸 때는 반드시 중간에 정수 장치를 연결하여 불필요한 성분들을 제거해 준다.
③ 칼슘염은 유기산과 결합하여 커피의 단맛을 더해준다.
④ 칼슘염, 염소는 커피의 성분과 반응하여 맛과 향기를 한층 더해준다.

126. 에스프레소를 30ml를 추출하는데 총 40초가 걸렸다. 다음 중 해결 방법으로 맞는 것은?

① 커피의 분쇄를 조금 가늘게 조정한다. ② 모터 펌프의 추출 압력을 높인다.
③ 추출 시 담는 원두의 양을 줄인다. ④ 탬핑을 할 때 강한 힘으로 실시한다.

127. 아래에서 설명하는 추출 기구는 무엇인가?

카페나 업소보다는 가정에서 많이 사용하는 기구로 구조는 상부포트, 하부포트, 안전밸브, 바스켓으로 되어 있다. 이탈리아에서는 '카페띠에라' 라는 이름으로 불린다.

① 모카 포트 ② 프렌치프레스 ③ 이브릭 ④ 사이폰

정답

커피의 기원, 종류 및 성분과 효과

1.③ 2.③ 3.④ 4.① 5.② 6.④ 7.② 8.④ 9.① 10.③ 11.② 12.③ 13.① 14.③ 15.② 16.③ 17.③ 18.④ 19.② 20.④ 21.① 22.④ 23.④ 24.③ 25.② 26.③ 27.④ 28.① 29.③ 30.① 31.③ 32.③ 33.① 34.④ 35.①

커피의 재배 및 가공

36.② 37.① 38.④ 39.① 40.③ 41.③ 42.③ 43.④ 44.④ 45.② 46.④ 47.③ 48.④ 49.① 50.③ 51.④ 52.④ 53.④ 54.③ 55.①

배전(Roasting)

56.④ 57.① 58.② 59.④ 60.③ 61.② 62.③ 63.② 64.④

커피 추출

65.① 66.③ 67.① 68.② 69.③ 70.② 71.④ 72.④ 73.④ 74.② 75.④ 76.③ 77.① 78.① 79.④ 80.② 81.③ 82.③

에스프레소의 이해

83.③ 84.④ 85.② 86.① 87.② 88.③ 89.③ 90.④ 91.① 92.② 93.② 94.④ 95.④ 96.④ 97.② 98.② 99.④ 100.②

에스프레소 머신

101.② 102.③ 103.② 104.③ 105.③ 106.② 107.③ 108.③ 109.④ 110.④ 111.② 112.① 113.④ 114.①

그 밖의 요소들

115.③ 116.③ 117.④ 118.④ 119.④ 120.④ 121.③ 122.② 123.④ 124.① 125.② 126.① 127.①

참고문헌

이승훈 "올 어바웃 에스프레소" - 서울꼬뮨 2009

전광수 외 3인 "기초 커피 바리스타" - 형설출판사 2008

권장하 " 커피의 문화의 발자취" - 미스터커피 SICA출판부 2005

김경옥 외 1인 " 커피와 차" - 교문사 2005

문중웅 "커피와 차" - 현암사 2004

알랜 스텔라 "Cafe" - 창해 2001

여동완 외 1인 "Coffee" - 가각본 2004

원융희 "세계의 음식이야기" - 백산출판사 2003

이윤호 " 완벽한 한 잔의 커피를 위하여" - MJ미디어 2004

와다 코우지 저/ 장상문 역 "커피학" - 광문각 2006

이경애 외 4인"식품학" - 파워북 2008

유대준 "커피인사이드" - 해밀 & Co. 2009

신창식 "창업, 죽을각오가 아니면 시작도 하지마라" - 열음사 2012

Kenneth Davis " Coffee" - St. Martin' s Griffin 2001

Karl Schapira 외 2인 " The Book of Coffee & Tea - St. Martin' s Griffin 1995

Luis Noberto Pascoal " Aroma of Coffee" - Fundacao Educa 2002

[Photo]

Google

월간 Coffee & Tea

저자소개

▪ 김 호 철

- 관광학박사
  커피프랜차이즈 본사의 브랜드 자산이 가맹점 경영성과에 미치는 영향 연구
- 경기대학교 관광경영학과 겸임교수
- 안산1대학 겸임교수
  현) 탐앤탐스아카데미 원장

▪ 구 세 림

- 고려대학교 식품생명공학과 졸업
  현) 탐앤탐스아카데미 재직

▪ 김 지 윤

- 인제대학교 졸업
- 탐앤탐스 근무
  현) 탐앤탐스아카데미 교육팀 재직
  동의대 평생교육원 강의

▪ 강 수 진

- 한신대학교 졸업
- 스타벅스 근무
- 탐앤탐스 근무
- 2013 WCCK(World Coffee Championship of Korea) 테크니컬 심사위원
  현) 탐앤탐스아카데미 교육팀 재직
  한세대 평생교육원 강의

▪ 이 정 남

- 경기대학교 관광경영학과 석사 졸업
- 지스코산업연구소 근무
- 리더스클럽 근무
  현) 탐앤탐스아카데미 교육팀 재직
  경희대, 안산대, 인하대 평생교육원 강의

■김 연 숙

- 상지대학교 졸업
- 커피빈 근무
- 카페베네 근무
- 탐앤탐스 근무

현) 탐앤탐스아카데미 교육팀 재직
한림대학교 팽생교육원 강의

■송 지 현

- 호서대학교 졸업
- 탐앤탐스 근무

현) 탐앤탐스아카데미 교육팀 재직

■박 진 희

- 호남대학교 졸업
- 탐앤탐스 근무

현) 탐앤탐스아카데미 교육팀 재직
경희대, 인하대 평생교육원 강의

■이 미 영

- 신라대학교 졸업
- 탐앤탐스 근무

현) 탐앤탐스아카데미 교육팀 재직
동의대 평생교육원 강의

■김 기 택

- 서울사이버대학교 재학
- 탐앤탐스 근무

현) 탐앤탐스아카데미 교육팀 재직

커 피

2010년 8월 10일 초 판 발행
2011년 6월 10일 2판 1쇄 발행
2014년 2월 20일 3판 1쇄 발행
2020년 6월 30일 3판 2쇄 발행

저 자 김호철 · 구세림 · 김지윤 · 강수진 · 이정남 · 김연숙
송지현 · 박진희 · 이미영 · 김기택
발행인 한 인 환
발행처 도서출판 **기 문 사**
등 록 1978. 8. 9. NO. 6-0637
주 소 서울시 동대문구 안암로 50-1(용두동) 홍신빌딩 3층
전 화 02) 2265-7214 / 922-8662~8663
팩 스 02) 922-8772

저자와의
협의하에
인지생략

homepage : www.kimoonsa.co.kr
e-mail : book@kimoonsa.co.kr

ISBN : 978-89-7723-615-8 03570

정가 : 17,000원